오늘

하나님을

만나다

오늘
하나님을
만나다

답답한 인생이 새롭게 살아나는 기적

김은호 지음

과거나 미래가 아닌 '오늘' 하나님을 만난다는 것은 우리에게 어떤 의미일까요? '과거의 하나님'은 이미 지나가 버렸고, '내일의 하나님'은 크게 와 닿지 않을 수도 있습니다. 코로나 이후 많은 그리스도인이 이른바 비대면 예배에 익숙해졌으며, 영적으로도 침체되었습니다. '오늘의 하나님'을 만나 동행하고 구원의 기쁨을 누렸다면 지금 한국교회의 모습은 사뭇 달랐을 것입니다.

저자는 이 책을 통해 다른 사람이 아닌 내가 하나님과 동행하며, 지금 당장 하나님의 은혜를 누려야 한다고 강조합니다. 이 땅의 모든 영혼이 오늘, 지금, 당장 역사하고 계시는 하나님을 만나길 소망하며 이 책을 추천합니다.

| 수원중앙침례교회 담임목사 고명진

성경 속에만 갇혀 있는 '그들의 하나님'이 아니라, 지금 살아서 역사하시는 '오늘의 하나님'을 만날 때 진정한 회복이 시작됩니다. 아브라함과 이삭과 야곱의 하나님이 곧 나의 하나님이라고 고백할 수 있을 때, 하나님의 역사에 참여하는 기적을 경험하게 됩니다. 훼손된 하나님의 형상을 회복하고 무너진 예배가 회복될 때 비로소 하나님과의 친밀하고 인격적인 교제가 이루어집니다.

코로나 팬데믹으로 인해 우리의 삶은 송두리째 흔들렸고, 한국교회는 공적 신뢰를 상실하며 세상으로부터 온갖 비판을 받고 있습니다. 다시금 하나님과의 첫사랑을 회복하고 주의 임재를 사모하며 하나님께서 주신 꿈을 꾸며 성령 충만을 사모할 때, 희망 가득한 나날들을 맞이하게 될 것입니다. 모든 두려움을 떨치고 일어나서 지금도 내 삶 속에서 살아 역사하시는 '오늘의 하나님'을 만나게 되길 원합니다.

| 만나교회 담임목사 김병삼

매일 삶의 자리 가운데 하나님과 동행하는 사람과 그렇지 못한 사람은 같은 처지, 같은 환경에 처해 있다 하더라도 그 삶의 결과는 하늘과 땅같이 극명한 차이를 보입니다. 코로나-19의 전염은 아직 끝이 보이지 않고, 물가는 가파르게 상승하고 있으며, 국제 정세는 전쟁으로 요동치고 있습니다. 이러한 때 하나님을 알지 못하는 사람은 염려와 근심으로 불안 가운데 절망적인 삶을 살아갈 수밖에 없습니다. 하지만 하나님을 의지하는 사람은 어떠한 고난과 역경이 다가올지라도 '절대 긍정, 절대 감사'의 믿음으로 모든 어려움을 이겨 냅니다. 하나님을 사랑하는 자, 곧 그의 뜻대로 부르심을 입은 자들에게는 모든 것이 합력하여 선을 이루실 것(롬 8:28)을 굳게 믿기 때문입니다.

제가 사랑하고 존경하는 김은호 목사님은 한평생 하나님과 동행하며 30년이 넘는 시간 동안 한결같이 열정적으로 복음을 전파하는 하나님의 신실한 종이십니다. 김은호 목사님의 설교와 삶의 간증을 통하여 하나님의 말씀을 붙들고 범사에 감사하며 살아갈 때 하나님이 함께하셔서 늘 형통하게 하신다는 것을 깨닫습니다. 특별히 김은호 목사님의 이번 신간 《오늘 하나님을 만나다》에는 이전에 만난 하나님이 아닌 오늘 이 시간 우리 가운데 함께하시고 역사하시는 하나님과 동행하라는 축복의 말씀으로 가득 차 있습니다. 많은 분이 이 책을 통해 위로와 격려와 새 힘을 얻어 다시금 삶 속에서 하나님을 만나고, 어느 곳을 가든지 걸음마다 하나님과 동행하여 날마다 승리하는 삶을 살아가게 되기를 소망합니다.

| 여의도순복음교회 담임목사 이영훈

살아 계신 하나님은 오늘 우리가 체험할 수 있는 하나님입니다. 하나님의 시제는 언제나 오늘입니다. 영원은 오늘의 연속입니다. 과거에 체험한 하나님만 바라보면 오늘 역사하시는 하나님을 우리의 경험으로 제한하기 쉽습니다. 김은호 목사님의 신간 《오늘 하나님을 만나다》는 이러한 신앙의 현재성에 초점을 둔 귀한 책입니다.

살아 있는 믿음으로 오류교회와 다니엘기도회를 이끌어 오신 김은호 목사님의 이 말씀 모음집을 통해 한국교회의 많은 영혼이 깨어나기를 기도하면서 이 책을 추천합니다.

| 온누리교회 담임목사 이재훈

김은호 목사님은 성경의 이야기를 오늘 나의 이야기로 읽게 해 주는 탁월한 은사를 가지고 있습니다. 성경의 큰 이야기와 나의 작은 이야기가 만나는 접촉점을 정확하게 짚어 주기 때문에 내 이야기를 제대로 볼 수 있는 눈을 열어 주고, 은혜와 감동과 영감을 받을 수 있게 해 줍니다. 《오늘 하나님을 만나다》를 통하여 오늘 구체적인 상황에서 나와 하나님의 직접적인 만남을 주선합니다. 하나님은 천하보다 더 귀한 영혼이 바로 '나'라고 하셨는데, 어떻게 살아야 진짜 내 인생을 살고, 기쁘고 보람 있게 살 수 있는지를 차분하게 풀어 줍니다. 진정한 자아 확립을 위해 회복해야 하는 것들은 하나님을 직접적이고 개별적으로 만나야만 가능합니다.

　　영어로 현재(present)가 선물로도 번역되듯이 김은호 목사님의 존재(present)가 모두에게 선물입니다. 추천사를 쓰는 사람의 특권은 독자보다 한발 앞서 저자의 책을 읽을 수 있다는 것입니다. 저는 이 책을 읽으며 자유와 평안을 누렸습니다. 더 미룰 것 없이 지금 바로 이 책과 함께 오늘 하나님을 만나시기 바랍니다.

| 중앙성결교회 담임목사 한기채

차례

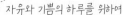

나는
오늘의 하나님이라

태초에 하나님이 천지를 창조하시니라 _창 1:1

하나님께서 세상을 창조하셨다. 하나님은 모든 만물의 시작, 모든 생명의 근원이시다. 그뿐만 아니라 예수님은 다시 오신다. 오셔서 이 세상을 심판하신다. 그렇게 되면 완성된 하나님의 나라, 새 하늘과 새 땅이 임한다. 그러므로 하나님은 또한 모든 역사의 마지막이 되신다. 우리 하나님은 이처럼 역사를 주관하시는 전능하신 하나님이시다. 하나님은 시간적으로도 알파와 오메가가 되신다.

주 하나님이 이르시되 나는 알파와 오메가라 이제도 있고 전에도 있었고 장차 올 자요 전능한 자라 하시더라 _계 1:8

시제를 말할 때는 보통 과거를 먼저 말하고, 다음에 현재와 미래를 말한다. 그러나 하나님은 자신을 계시하실 때 현재, 과거, 미래의 순으로 말씀하셨다. '이제도 계시고 과거에도 계셨고 미래에 다시 오실 자'라고 말씀하시면서 가장 먼저 '지금의 하나님'을 강조하신 것이다.

하나님의 시제는 항상 현재이다. 하나님은 지금 살아 역사하시는 오늘의 하나님이시다. 물론 과거의 하나님도 중요하다. 하나님께서 과거에 행하신 일들이 없다면 오늘의 구원이 있을 수 없기 때문이다. 예를 들어 예수님의 성육신, 십자가의 죽으심과 부활, 성령의 오심이 없었으며 이 사실들을 믿지 않는다면 당신은 구원받을 수 없다. 과거의 하나님을 믿는 것만큼이나 미래의 하나님도 중요하다. 이 땅에 다시 오실 예수 그리스도, 심판하고 다스리실 예수 그리스도, 당신의 눈물을 닦아 주실 예수 그리스도, 그분에 대한 소망을 가지고 성도는 오늘의 어려움을 이기며 살아간다. 그러므로 미래의 하나님도 너무나 중요하다.

하지만 이미 구원을 받은 당신에게는 과거 혹은 미래의 하나님보다 오늘 살아 역사하시는 하나님이 더 중요하다. 물론 시간에 구애받지 않는 영이신 하나님을 이렇게 시간의 개념으로 이해한다는 것이 모순처럼 느껴지기도 한다. 그러나 이 땅에 발을 딛고 시간과 공간의 개념 속에 살아가는 당신에게는 오늘의 하나님이 중요하다. 지금 우리가 오늘을 살고 있기 때문이다. 당신은 미래에 살고 있지 않다. 그리고 어제는 이미 내 인생 가운데 지나가 버렸다. 주님의 능력과 사랑과 위로와 축복이 '오늘' 필요한 이유다.

많은 그리스도인이 과거의 하나님만을 섬기고 있다. 너무 많은 그리스도인이 미래의 하나님만을 바라보고 소망한다. 나도 오류교회 개척 초기에는 과거의 하나님에 대해서 확신 있게 설교했다. 미래에 대해서도 자신 있게 설교했다. 반면, 오늘의 하나님에 대해서는 별로 말하지 않았다. 과거에 받은 은혜와 미래에 대한 기대로 인해 오늘의 중요성이 가려졌기 때문이다. 그러나 이제는 오늘의 하나님에 대하여 자신 있게 선포한다. 하나님의 말씀은 반드시 이루어지며 예수 그리스도는 어제나 오늘이나 영원토록 동일한 분이기 때문이다.

지금 당신에게는 2천 년 전의 예수님만이 아니라 현재 살아 역사하시는 예수님이 필요하다. 오늘의 하나님이 필요하다.

오늘 당신의 기도에 응답하시는 하나님,

오늘 당신에게 말씀하시는 하나님,

오늘 당신과 함께하시는 하나님,

오늘 당신을 위해 싸우시는 하나님이 필요하다.

오늘의 하나님을 선포할 때 기적이 일어난다. "마귀를 대적하라!"라고 말씀하셨으면 오늘 마귀를 대적하라. "기도 외에는 이런 유가 나갈 수 없느니라"라고 말씀하셨다면 오늘 기도하라. 오늘 당신 앞에 골리앗이 있다면 오늘 말씀의 물맷돌을 들고 골리앗을 향하여 나아가라. 진짜 기적은 약속의 말씀을 의심하지 않고 오늘 믿음으로 나아갈 때 일어난다.

2022년 10월

김은호

1부

오늘부터

진짜 나로
살기 위하여

1장

/

오늘
다시 회복시키소서

(시 80:17)

만군의 하나님이여 우리를 회복하여 주시고 주의 얼굴의 광채
를 비추사 우리가 구원을 얻게 하소서 _시 80:7

　시대를 막론하고 인간은 언제나 돈과 명예와 권력 그리
고 그 이면에 담긴 쾌락을 바랐다. 하지만 인간 내면에서 가
장 갈망하는 한 가지를 꼽으라면 바로 '회복'일 것이다. 온 삶
을 던져 열망하는 것을 기어코 쟁취하더라도 곤고함과 외로
움 혹은 근원적 두려움은 언젠가 한 번 반드시 찾아오기 마련
이다. 이때 인간의 내면은 가장 완전하고, 순수했던 때로 돌
아가기를 희구한다. 그래서 하나님과의 첫사랑은 그리스도
인들에게 잊을 수 없는 황홀한 영적 감격의 순간으로 각인되
어 있다. 내 모습 이대로 사랑하시는 주님께서 처음 나를 만
나 손잡아 주시고, 안아 주신 그때 그 순간의 은혜가 선명하
게 기억되기 때문이다.

　회복(回復)의 사전적 의미는 '원래의 상태로 돌이키거나 원
래의 상태를 되찾음'이다. 그렇기에 회복을 얘기하려면 그전
의 상태를 드러내야 한다. 그 근원을 거슬러 가다 보면 결국
우리는 예수 그리스도를 만날 수밖에 없다. 회복이란 처음
있었던 형태로의 복귀이며, 회복의 필수 조건은 새 일을 통해
새롭게 만들어 가는 하나님의 전적 은혜, 즉 구원에 있기 때
문이다.

멸망의 원인

19세기 영국 총리이자 작가였던 벤저민 디즈레일리는 "시인은 영혼의 화가다"라고 했다. 시편을 보면 하나님의 은혜를 참 아름답게 그려내고 있다. 그래서 시편을 묵상할 때면 하나님이 내 영혼에 선사하는 한 폭의 그림 선물과도 같다는 생각이 든다. 여호와를 찬미하는 시편 기자의 짧은 가사 속에, 때로는 애가 닳는 탄식과 통곡 속에서마저도 나를 향한 하나님의 사랑이 절절하게 느껴진다. 시는 함축된 언어로 기록되면서도 어떤 글보다 감정과 사상을 풍성하게 표현한다. 행간에 녹아든 의미를 더 깊이 음미하기 위해서는 그 배경을 아는 것이 중요하다.

시편 80편은 북이스라엘이 앗수르에 의해 멸망 당한 시대적 상황을 배경으로 한다. 북이스라엘은 주전 722년 앗수르에 의해 멸망 당했다. 하나님께서 당신의 백성 이스라엘을 향한 그 얼굴의 광채를 거두셨기 때문이다. 이는 이스라엘 백성이 하나님께서 베풀어 주신 은혜를 배신하고, 하나님으로부터 등을 돌렸기 때문이다. 그들은 하나님께로 향하던 얼굴을 돌이켜 우상을 숭배했다. 하나님께서 그들을 향한 얼굴을 돌이키시니, 이스라엘은 앗수르의 침략을 받게 되었고 마침내 패망에 이르게 되었다. 이런 상황 속에서 이스라엘의 멸망을 목격한 시인은 비통한 심정으로 이스라엘의 구원, 곧 회복을 갈망하며 이 시를 쓴 것이다.

이스라엘을 향한 하나님의 은혜와 징계

시편 80편 8-11절은 하나님께서 그들에게 베푸신 은혜를 언급하고 있다. 이스라엘을 한 그루의 포도나무로 비유하는 장면이 나온다.

> 주께서 한 포도나무를 애굽에서 가져다가 민족들을 쫓아내시고 그것을 심으셨나이다 _시 80:8

하나님은 430년 동안 종살이하던 이스라엘 백성을 애굽에서 이끌어 내 가나안 땅에 들어가게 하셨다. 그리고 가나안 원주민을 몰아내고, 그곳에서 정착하게 하셨다. 포도나무는 스스로 옮겨질 수 없다. 이스라엘이 구원을 얻고 가나안 땅에 들어와 살게 된 것은 전적으로 하나님의 은혜였다.

하나님은 포도나무를 친히 가꾸셔서 뿌리가 박혀 땅에 가득하게 하셨다. 그늘이 산들을 가릴 정도가 되었고, 그 가지는 백향목과 같았다. 이는 이스라엘 백성이 크고 강한 민족이 되었고, 백향목처럼 존귀한 자가 되었음을 의미한다. 또한 포도나무 가지가 바다까지 뻗고, 넝쿨이 강까지 미쳤다고 말한다. 이 역시 계속되는 전쟁의 승리로 인해 이스라엘의 영토가 확장되었음을 뜻한다. 이처럼 이스라엘 백성은 특별한 하나님의 은혜로 놀라운 번영과 영화를 누렸다. 역사적으로 볼 때 다윗과 솔로몬 시대는 주변 모든 민족의 부러움을 살 정도로 하나님의 큰 축복을 누렸다.

그런데 영화와 번영을 누리던 이스라엘 백성이 서서히 하나님을 떠나기 시작했다. 하나님의 얼굴을 구하지 않고, 가나안의 여러 우상을 섬기며, 따르기 시작한 것이다. 그러자 하나님은 어느 날 그들의 담을 헐기 시작하셨다.

> 주께서 어찌하여 그 담을 허시사 길을 지나가는 모든 이들이
> 그것을 따게 하셨나이까 _시 80:12

'담'은 국경선을 말한다. 하나님이 지켜 주시던 담이 무너지자 숲속 멧돼지들이 뛰쳐나와 포도 열매를 발로 밟고, 들짐승들이 그 열매를 먹기 시작했다(시 80:13). 멧돼지들과 들짐승들은 앗수르를 가리킨다. 이방 나라인 앗수르가 쳐들어와서 그 땅을 짓밟고, 귀한 것들은 다 가져가고, 사람들까지 포로로 잡아가고 말았다. 하나님께서 이스라엘의 담을 허시자

이방 민족들에게 비웃음과 조롱거리가 된 것이다.

> 우리를 우리 이웃에게 다툼거리가 되게 하시니 우리 원수들이
> 서로 비웃나이다 _시 80:6

주변 나라들이 이스라엘을 놔두고 서로 먹겠다며 다투기 시작했다. 이스라엘을 점령한 사람들은 "꼴좋다"라며 비아냥거리고 조롱했다. 한 시대를 풍미하며 부귀와 영화를 누렸던 이스라엘이 이제는 하나님을 알지 못하는 사람들에게 비웃음과 조롱거리가 된 것이다.

마찬가지로 대한민국 국경선도, 우리 가정의 담도 하나님께서 지켜 주셔야 한다. 북한과 대립하고 열강에 둘러싸인 우리 대한민국의 담이 무너지지 않도록, 하나님이 세우신 최초의 공동체이자 가장 중요한 믿음의 공동체인 우리 가정의 담이 무너지지 않도록 깨어 기도해야 한다. 여호와께서 성을 지키지 아니하시면 파수꾼의 경성함이 허사가 되기 때문이다.

번영과 타락

이런 번영과 타락의 패턴은 성경에만 있는 것이 아니다. 인류 역사 속에서 지금도 계속되고 있다. 역사를 보면 복음이 들어가는 곳마다 놀라운 번영의 역사가 일어났다. 인권이 신장되고, 자유민주주의가 꽃을 피웠다. 그러나 번영을 누리는 속도만큼 사람들은 하나님과 멀어져 교만해지고, 타락에 빠진다. 유럽도, 미국도 그러했다. 우리 대한민국 역시 그렇게 되어 가고 있다. 척박한 조선 땅에 복음을 들고 와 전 생애를 이 민족을 위해 헌신한 언더우드 선교사의 기도문에는 이런 글이 있다.

"오 주여, 지금은 아무것도 보이지 않습니다. 주님, 메마르고 가난한 땅, 나무 한 그루 시원하게 자라 오르지 못하고 있는 땅에 저희를 옮겨 와 앉히셨습니다. 학교도 없고 그저 경계와 의심과 멸시와 천대만이 가득한 곳이지만 이곳이 머지않아 은총의 땅이 되리라는 것을 믿습니다. 주여, 오직 제 믿음을 지켜 주소서."

여러모로 황폐했던 이 나라가 기독교 역사상 유례를 찾아볼 수 없을 정도의 부흥을 이루었다. 2만 2천 명의 선교사를 파송하는 선교강국이 되었다. 1955년 1인당 국민총소득(GNI)이 65달

러로 세계 최빈국이었던 대한민국이 이제 세계 10위의 경제대
국이 된 것이다.

이렇게 번영과 영화를 누리게 되었지만 사람들은 도리어
점점 교회를 떠나가고 있다. 하나님 없이도 살 수 있다며 하
나님의 얼굴을 구하지 않는다. 청소년과 대학생 세대는 기독
교인이 3%도 되지 않는 미전도 종족이다. 교회는 세상 사람
들로부터 비난의 대상이 되고, 기독교인들은 비웃음의 대상
이 되어 가고 있다.

지금 이 상황을 그저 바라만 봐야겠는가? 반복되는 역사의
한 흐름이라며 체념하고 받아들여야 하는가? 아니다. 다시
이 땅의 회복을 위해, 침체된 한국교회가 다시 일어나기 위
해, 하나님 나라의 회복을 위해 기도해야 한다.

이스라엘의 목자여

시인은 이스라엘의 회복을 갈망하며 기도했다. 누구에게
기도했는가?

> 요셉을 양 떼 같이 인도하시는 이스라엘의 목자여 귀를 기울
> 이소서 _시 80:1a

시인은 하나님을 "요셉을 양 떼 같이 인도하시는 이스라엘의 목자"라고 부른다. 여기서 요셉은 북왕국 이스라엘을 지칭하는 표현이다. 시인이 하나님을 이같이 부른 까닭은 무엇일까? 하나님과 자신과의 관계가 목자와 양의 관계임을 알았기 때문이다. 성경에 기록된 대로 하나님은 선한 목자요, 백성은 그의 양이다. 양은 목자의 도움 없이는 스스로 살 수 없다.

시인이 이스라엘의 회복을 위해 기도하면서 하나님을 "이스라엘의 목자여"라고 부른 이유는 명확하다. 양으로서 목자 없이는 살 수 없는데 스스로 살 수 있는 것처럼 교만하다 이렇게 버림을 받았고, 망하게 되었다는 것을 고백하기 위해서다. 양은 목자의 인도와 보호 없이는 살아갈 수 없는데 목자의 음성을 듣지 않고 스스로 살 수 있는 것처럼 생각하다 앗수르라는 사자에게 잡혀 죽게 되었다는 것이다. 그러니 자신들의 죄악이 무엇인가를 분명히 하기 위해 하나님을 "이스라엘의 목자여"라고 부른 것이다.

"이스라엘의 목자"라고 부르는 또 하나의 이유는 목자 되신 주님만이 길을 잃고 방황하는 우리를 구원하실 분임을 믿었기 때문이다. 깊은 웅덩이와 수렁에 빠져 있는 자신들을 건져 내실 수 있음을 믿은 것이다. 앗수르라는 사자의 입에서 우리를 구원해 낼 수 있는 분은 주님뿐이다. 그래서 그들은 이스라엘의 목자 되신 주님께 기도를 드린 것이다.

우리를 회복하여 주소서

그렇다면 시인이 기도했던 내용은 무엇인가?

> 만군의 하나님이여 우리를 회복하여 주시고
> 주의 얼굴의 광채를 비추사
> 우리가 구원을 얻게 하소서 _시 80:7

만군의 하나님은 천군천사를 거느리시는 분이다. 그러므로 시인은 속히 하늘의 천군천사를 통하여 핍박과 고통 중에 있는 자신들을 회복시켜 달라고 간구하는 것이다. 시인은 3절과 19절에서 "우리를 회복하여 주시고"라는 말 대신 "우리를 돌이켜 주시고"라는 말로 기도하고 있다. 다시 말해서 시인은 우리를 구원하여 주시고, 우리를 돌이켜 주시고, 우리를 회복시켜 달라고 기도하는 것이다. 시인은 어떻게 구원해 주시기를 기도했는가?

> 주의 얼굴빛을 비추사 우리가 구원을 얻게 하소서 _시 80:3b
> 주의 얼굴의 광채를 비추사 우리가 구원을 얻게 하소서 _시 80:7b
> 주의 얼굴의 광채를 우리에게 비추소서
> 우리가 구원을 얻으리이다 _시 80:19b

"주의 얼굴의 광채를 우리에게 비추사"라고 세 번이나 반복하며 구원을 요청하고 있다. 주께서 주의 얼굴의 광채를 비추시면 우리 가운데 회복이 일어나고, 구원의 놀라운 역사가 일어난다. 우리의 회복과 구원은 오직 주의 얼굴의 광채를 비춰 주심에 달려 있다.

민수기 6장에서 하나님은 제사장이었던 아론과 그 아들들에게 이스라엘 자손을 이렇게 축복하라고 말씀하셨다.

> 여호와는 네게 복을 주시고 너를 지키시기를 원하며
> 여호와는 그의 얼굴을 네게 비추사 은혜 베푸시기를 원하며
> 여호와는 그 얼굴을 네게로 향하여 드사
> 평강 주시기를 원하노라 할지니라 하라 _민 6:24-26

나는 아이들이 어릴 때 새벽기도회가 끝나고 집에 들어가면 아이들의 이마에 손을 얹고, 이 말씀으로 축복기도를 많이 했다. 제사장의 축복기도 가운데 "여호와는 그의 얼굴을 네게 비추사 은혜 베푸시기를 원하며 여호와는 그 얼굴을 네게로 향하여 드사 평강 주시기를 원하노라"라는 말씀이 나온다. 하나님은 영이시기에 얼굴이 없으시다. 얼굴은 하나님을 의인화한 것이다. 하나님의 얼굴은 하나님의 성품과 전 인격을 상징한다. 그렇기 때문에 복(福)이란 하나님께서 당신의

얼굴을 우리에게로 향하시는 것이다. 반대로 저주는 하나님께서 그 얼굴을 우리에게서 돌리시는 것이다.

만약 하나님께서 얼굴을 가리신다면 그것은 인간에게 가장 큰 절망과 죽음을 의미한다. "온전하고 정직하여 하나님을 경외하며 악에서 떠난 자"(욥 1:8)라고 일컫는 욥도 너무 힘들고 고통스러울 때 "주께서 어찌하여 얼굴을 가리시고"(욥 13:24)라고 절규했다. 사람과의 관계에서도 마찬가지다. 내가 미워하는 사람, 관계가 좋지 않은 사람을 만나면 얼굴을 피한다. 외면하고 등을 돌린다. 혹여 마주칠까 봐 그 사람이 자주 가는 장소나 상황을 피한다.

하나님께서도 하나님을 불신하고 거역하는 사람에게는 얼굴을 돌리신다. 그러니 하나님께서 오늘 우리를 향하여 얼굴을 드신다는 것은 얼마나 놀라운 사랑과 관심을 말하는가? 그런 맥락에서 '주의 얼굴의 광채를 비추신다'는 것은 하나님께서 더 강하게 임재하시는 것을 뜻한다. 시인 역시 "그룹 사이에 좌정하신 이여 빛을 비추소서"(시 80:1b)라고 기도한다. 그룹 사이에 계신 하나님, 즉 보좌에 앉으신 하나님께 "빛을 비추소서"라고 기도한다. 주님께서 지금 이곳에 임재해 달라는 간청을 드리는 것이다.

하나님은 빛이시다. 하나님이 임재하시는 곳에는 언제나 빛이 있다. 주의 얼굴의 광채에는 하나님의 성품과 하나님의 능력이 있다. 그 광채 속에는 하나님의 사랑과 거룩이 있다. 세상이 줄 수 없는 평강이 있다. 어둠을 몰아내는 능력이 있다. 모든 것을 회복시키는 창조의 능력이 있다. 사도 바울을 보라. 예수 믿는 사람들을 잡아 죽이려고 다메섹을 향해 가던 그를 홀연히 하늘로부터 큰 빛이 둘러 비추기 시작했다.

> 오정쯤 되어 홀연히 하늘로부터 큰 빛이 나를 둘러 비치매
> 내가 땅에 엎드러져 들으니 _행 22:6b-7a

가장 강렬한 태양의 빛이 비치는 그 시간에 태양보다 더 큰 빛이 임했다. 사울은 그 자리에서 엎드러졌다. 부활하신 주님이 영광의 빛 가운데 임하신 것이다. 사울은 그 자리에서 부활하신 주님을 만남으로 자신의 죄를 회개하고, 이방인의 사도가 되었다. 마침내 그가 부활하신 영광의 빛 앞에서 변화된 것이다.

〈다니엘 기도회〉에서 뜨거운 간증을 쏟아낸 '드로잉 쇼' 김진규 감독님 이야기가 생각난다. 그는 원래 불신자였다. 예수님의 존재를 부정하고, 예수님을 믿는 사람들을 싫어했다. 그러다 드로잉 쇼를 하면서 많은 빚을 지게 되었고, 가족과 헤어지게 되었다. 처음엔 뭔가 가슴을 누르는 것만 같고 점점 숨쉬기가 힘들어지더니 급기야는 극심한 우울증을 거쳐

공황장애까지 겪게 되었다. 한번 공포가 밀려오면 손가락부터 마비가 시작되어 나중에는 심장까지 굳는 느낌이 들었다. 특히 검은 손이 벽을 뚫고 나오기 시작하면 공포와 두려움에 숨을 쉴 수가 없었다고 한다.

인간의 의술과 힘으로는 치료할 수 없음을 깨달은 그는 매형과 함께 오산리 기도원으로 향했다. 그는 기도원으로 가는 차 안에서 놀라운 기적을 경험한다. 갑자기 구름 사이로 예수님이 나타나신 것이다. 예수님의 얼굴에는 어마어마한 광채가 있는데 마치 빛 덩어리와 같았다. 세상의 모든 보석을 모아 놓아도 그만한 광채를 낼 수 없을 만큼 밝았다고 한다. 그리고 주님의 얼굴에 있는 빛이 그에게 임할 때 몸이 따가워지고, 몸에서 뭔가 변화가 일어나기 시작했다. 그 광채가 다가오자 그의 목덜미 뒤쪽을 붙들고 있던 뭔가가 떨어지지 않으려고 버티고 있었다. 그러다 마침내 그것이 떨어져 나가는 것을 경험했다. 주님의 얼굴의 광채가 임할 때 모든 묶임으로부터 자유함을 얻고, 다시 살아난 것이다.

보좌에 앉으신 주님께서 임재하셔서 그 얼굴의 광채를 우리 가운데 비추시면 상상할 수 없는 변화가 일어난다. 놀라운 치유와 회복이 일어난다. 어둠이 떠나가고, 미움과 분노가 사라진다. 가슴을 치며 애통하는 회개의 역사가 일어난다. 하나님의 사랑이 파도처럼 밀려온다. 병든 자가 고침을 받는다. 세상이 줄 수 없는 평강이 임한다. 모든 영역에 회복의 역사가 일어난다!

주께서 그 얼굴의 광채를 비추시면 이 땅에 창궐하는 각종 병들도 그 영광의 빛 가운데 사라질 것이다. 억압의 땅 북한에도 평화가 찾아오고, 수용소에 갇혀 있는 자들이 자유함을 얻게 될 것이며, 지하교회 성도는 빌립보 감옥의 바울과 실라처럼 큰 소리로 하나님을 찬양하고 기도하게 될 것이다. 무엇보다 이 땅의 유일한 소망인 주님의 교회에 다시 부흥의 불길이 타오르고, 무너진 가정이 회복되며, 침체된 심령도 에스겔 골짜기의 마른 뼈처럼 다시 살아나게 될 것이다!

반대로 하나님께서 그 얼굴을 당신에게서 돌리시고, 그 얼굴의 빛을 비추지 않으신다면 어떻게 될까? 하나님이 지켜 주시던 인생의 담들이 허물어지기 시작할 것이다. 밤낮을 가리지 않는 사탄의 공격에 흉악의 결박을 당하게 될 것이다. 사탄의 참소에 수치와 조롱을 당하게 될 것이다. 세상 사람들과 다를 바 없이 두려움의 포로가 되어 곤고한 인생을 살게 될 것이다.

그러니 기도해야 한다.

"하나님의 얼굴을 구하지 않고, 하나님 없이도 살 수 있는 것처럼 생각하며 살았던 우리의 교만을 용서하여 주옵소서. 주님 없이는 살아갈 수 없사오니 이제 그 얼굴을 다시 우리에게로 향하여 주옵소서. 그리고 우리 가운데 임재하사 그 얼굴의 광채를 우리 가운데 비추어 주옵소서. 주님, 오늘 당신의 얼굴의 광채를 내게 비추사 나를 구원하소서."

오늘부터 진짜 나로 살기 위하여

2장

/

하나님과의 관계를
회복하라

(요 1:12)

성경은 하나님께서 세상을 창조하신 후 "보시기에 좋았더라"라고 말씀하셨다고 기록한다. 반면 하나님께서 좋지 않다고 말씀하신 것이 있다. 아담이 혼자 사는 것이었다(창 2:18). 이에 하나님은 돕는 배필인 하와를 지으셨다. 이를 통해 하나님은 외로움과 고독을 싫어하신다는 것을 알 수 있다. 하나님의 형상대로 지음 받은 우리 인간들도 외로움과 고독을 싫어한다.

최근 들어 혼밥, 혼술 등 혼자만의 일상을 즐기며 살아가는 사람들이 늘어나고 있다. 행정안전부 발표에 따르면 2021년 9월 기준, 1인 가구가 약 940만 세대로 전체의 40%가 넘는 비중을 차지하고 있다고 한다. 홀로 사는 가구가 보편적 가구 형태가 되었음을 보여 주는 결과다. 많은 젊은이가 타인과 어울리는 것을 불편해하고, 가능하면 혼자 있고 싶어 한다.

그렇다면 다른 사람과 관계를 맺지 않고 홀로 살아가는 인생이 평안하고 행복할까? 2018년 '잡코리아(Job Korea)'에서 20대를 대상으로 설문 조사를 한 결과, 10명 중 6명이 고독감을 느낀다고 대답했다. 공허하고 외롭다는 것이다. 행복하지 않다는 결과다. 2018년 영국의 메이 총리는 내각에 '외로움 담당 장관(Minister for Loneliness)'을 임명했다. 국민들이 안고 있는 외로움의 문제를 적극적으로 대처하기 위함이었다. 사회적 단절로 인한 정신적 고통이 매일 담배 15개비를 피우는 것만큼 건강에 해롭다는 연구 결과가 있다. 이에 영국 정부는 외로움을 개인적 불행이 아닌 사회적 전염병이며, 공동체의 건강을 위협하는 국가적인 문제로 인식한 것이다.

관계가 중요하다

하나님의 형상대로 지음 받은 인간은 반드시 누군가와 더불어 살아야 한다. 사람은 결코 혼자서는 살아갈 수 없다. '사람 인(人)'자를 보면 두 획이 서로 기대어 있는 모양이다. 이처럼 사람은 누군가와 서로 관계를 맺으며 살아가게 되어 있다. 인간은 관계가 가장 중요하다. 그래서 철학자들은 사람을 "사회적 동물"이라고 했다. 성공학자인 시비 케라(Shivi Khera)는 성공의 85%가, 행복학자인 포웰(J. Powell)도 행복의 85%가 원만하고 바람직한 인간관계에 달려 있다고 했다. '관계 지수'가 곧 '행복 지수'가 된다는 것이다. 관계를 소홀히 하고, 무시하며, 관계에 실패하면 실패한 인생을 살 수밖에 없다. 반대로 관계를 중요하게 생각하고, 관계에서 성공하면 성공한 인생을 살 수 있다.

하버드대학교의 위간(A. E. Wiggan) 박사는 직장, 가정, 사회생활 등 각 분야에서 실패한 사람들을 조사했다. 그 결과 전

문지식이 모자라 실패한 사람들은 불과 15%밖에 되지 않았다. 그리고 나머지 85%의 사람은 인간관계의 잘못으로 인해 실패했다고 한다. 미국 카네기재단에서도 5년 동안 사회적으로 성공한 사람 1만 명을 대상으로 '성공 비결'을 물었다. 그 결과 85%의 사람들이 "인간관계를 잘했기 때문에 성공했다"고 대답했다. 어쩌면 실력보다 더 중요한 것이 바로 관계다. 그러므로 성공적인 인생, 행복한 인생을 살려면 관계를 잘 맺어야 한다.

세상에서 가장 중요한 관계

그리스도인은 두 가지 관계를 맺으며 살아간다. 하나는 사람과의 관계이고, 다른 하나는 하나님과의 관계다. 그런데 믿는 자들 중에 눈에 보이는 사람들과의 관계는 중요하게 생각하면서 눈에 보이지 않는 하나님과의 관계는 그리 중요하게 생각하지 않는 경우가 있다. 이것은 옳지 않다. 사람들과의 관계보다 하나님과의 관계가 더 중요하다. 하나님을 떠나서는 죄와 죽음의 문제를, 외로움과 고독의 문제를 해결할 길이 없다. 하나님과의 관계가 없으면 하늘로부터 임하는 참된 평안과 온전한 행복을 누릴 수 없다.

인간은 하나님과 친밀한 교제를 나누며, 하나님의 음성을 들으며 살도록 창조되었다. 그런데 첫 사람 아담이 하나님 앞에서 죄를 짓고 타락함으로 인해 에덴동산에서 쫓겨났다. 하나님과의 관계가 단절된 것이다. 아니, 하나님과 원수 된 관계에 놓이게 되었다.

> 전에 악한 행실로 멀리 떠나 마음으로 원수가 되었던 너희를
> _골 1:21

아담의 후손으로 태어난 모든 인간은 한 사람도 예외 없이 하나님을 떠나 하나님과 원수가 되었다. 그러한 증거가 무엇인가? 하나님이 창조하신 세상을 살면서도 하나님이 없다고 말하며 하나님을 대적하고, 더 나아가 자신을 인생의 주인으로 삼고 살아간다. 지금도 하나님과 원수 된 관계에 있는 사람들은 "하나님 없이도 얼마든지 살 수 있다"라고 말한다. 동성 간의 결혼을 주장하는 등 창조의 질서를 부정하며, "이 땅에 더 이상 교회는 필요없다"라며 '교회 없는 세상'을 만들고자 한다. 결국 인간이 중심이 되는 휴머니즘을 주장하는 것이다.

이렇게 아담의 후손으로 태어난 우리 모두는 마음으로부터 하나님과 원수가 되었다. 하나님과 원수가 되었기에 이제 하나님의 심판을 피할 수 없는 본질상 진노의 자녀가 된 것이

다. 그래서 성경은 예수를 믿기 전 사람의 상태를 이렇게 표현한다.

> 전에는 … 다른 이들과 같이 본질상 진노의 자녀이었더니
>
> _엡 2:3

하나님과 원수 되고, 하나님의 진노를 피할 수 없는 본질상 진노의 자녀가 된 자들의 마음 가운데 어떻게 평안이 있고, 자유함이 있을까? 세상 권력자와도 원수를 맺으면 잠을 이루지 못하는데 전능하신 하나님과 원수 된 관계 속에 살아가는 인생들이 온전한 평안과 참된 자유를 누릴 리 만무하다.

아담과 하와를 보라. 그들이 범죄하고 난 다음 가장 먼저 경험한 것이 무엇인가? 두려움이다. 아담과 하와가 선악을 알게 하는 나무의 실과를 따먹고 숨어 있을 때 하나님이 아담을 찾아와 물으셨다. "네가 어디 있느냐?"(창 3:9) 그때 아담이 대답한다. "내가 벗었으므로 두려워하여 숨었나이다"(창 3:10).

하나님을 떠나 원수 된 관계를 맺고, 본질상 진노의 자녀로 살아가는 사람들은 두려움 속에 살 수밖에 없다. 얼마나 많은 사람이 오늘도 불안과 두려움 속에서 인생을 살아가는가? 죽음에 대한 두려움, 실패에 대한 두려움, 미래와 질병

그리고 헤어짐에 대한 두려움 등 수많은 두려움을 안고 살아 간다.

오늘 당신은 가장 먼저 하나님과의 원수 된 관계를 청산하고, 주님과의 관계를 회복해야 한다. 아담과 하와가 죄를 짓기 전 에덴동산에서 하나님의 음성을 듣고, 하나님과 친밀한 사귐을 가졌던 그 이상의 관계를 회복해야 한다. 아담의 후손으로 살아가는 우리에게 가장 먼저 필요한 일은 하나님과의 관계 회복이다.

모세가 시내산에서 받은 십계명을 보라. 하나님과 관련된 계명이 먼저 주어졌다. 하나님과의 관계를 회복하는 것이 먼저이기 때문이다. 하나님과의 관계가 뒤틀리면 모든 관계가 뒤틀릴 수밖에 없다. 하나님과의 관계가 바로 세워지지 않으면 사람과의 관계도 바로 세워질 수 없다.

하나님과의 관계보다 사람과의 관계를 더 중요하게 생각하는 사람들이 있다. 직장 상사와의 관계를 더 중요하게 생각하며 우상 앞에 절하는 사람이 있다. 예배보다 돈 버는 일을 더 중요하게 생각하는 사람이 있다. 잘못된 순서를 바로잡아야 한다. 하나님과의 관계가 먼저다.

관계 회복의 핵심

하나님과의 관계를 어떻게 회복할 수 있을까? 어떻게 하나님과 원수 된 관계를 청산하고, 타락하기 이전의 아담처럼 하나님과 화목한 관계를 맺을 수 있을까? 방법은 하나다.

> 영접하는 자 곧 그 이름을 믿는 자들에게는 하나님의 자녀가
> 되는 권세를 주셨으니 _요 1:12

하나님과의 관계를 회복하는 것은 하나님과 우리 사이의 화목제물이 되신 하나님의 아들 예수 그리스도를 영접하는 것이다. 예수 그리스도의 이름을 믿는 것이다. 예수를 믿으면 하나님과의 관계가 회복된다. 무슨 이유에서일까? 이것이 기독교 신앙의 핵심이다.

우리가 하나님과 원수 된 이유, 우리가 본질상 진노의 자녀가 된 이유 모두 죄 때문이다. 죄가 우리로 하여금 하나님의 품을 떠나게 만들었고, 그 죄가 우리에게 죽음과 불행과 가난과 질병 등 온갖 두려움을 가져다주었다.

그런데 이천 년 전 하나님의 아들 예수 그리스도가 이 땅에 인간의 몸을 입고 찾아오셨다. 가장 낮은 자의 모습으로 오셔서 온갖 고난을 받으시고, 십자가에 달려 죽으심으로 하

나님과 나 사이의 죄악의 문제를 해결해 주셨다. 예수님이 내 죄를 대속하신 것이다. 그가 흘리신 보혈의 피로 나의 죄를 대신 속죄하여 구원에 이르도록 하셨다.

죄는 인간의 어떠한 노력으로도 결코 사라지지 않는다. 반드시 그 값을 치러야 한다. 그 죗값은 수치와 형벌 그리고 죽음이다. 그런데 이 땅에 오신 예수님이 시간과 공간을 초월해 내 죄를 담당하시고, 십자가에서 그 죗값을 대신 치르셨다. 이 복음을 믿게 되면 하나님과의 관계가 회복된다.

성경에 기록되었듯 예수님은 나의 죗값을 치르기 위해 말로 표현할 수 없는 온갖 수치와 조롱과 멸시를 받으셨다. 사람들은 예수님의 얼굴에 침을 뱉었고, 발가벗겨 십자가에 매달았다. 또 채찍을 휘두르고, 가시로 된 면류관을 씌웠다. 예수님은 모진 고문 속에 너무나 많은 피를 쏟음으로 목마름의 고통을 당하셨다. 30cm나 되는 대못으로 두 손과 발이 관통당한 채 십자가에 못 박히셨다.

온갖 고난과 수치와 형벌을 당하신 예수님은 마침내 십자가 위에서 피 한 방울 남김없이 다 쏟으셨다. 그리고 마지막에 "다 이루었다"(요 19:30) 말씀하고 운명하셨다. 이 말은 헬라어로 '테텔레스타이(Τετέλεσται)', 즉 '값을 지불했다', '완불했다'라는 뜻인데, 예수님께서 십자가에 달려 죽으심으로 우리의 죗값을 완벽하게 지불하셨음을 말한다. 시간과 공간을 초월해서 말이다.

그러므로 누구든지 예수님을 믿고 영접하기만 하면 하나님과의 관계가 회복될 수 있다. 우리는 그저 마음의 문을 열어, 십자가에 달려 죽으심으로 나의 죗값을 치르신 예수님을 믿기만 하면 된다. 나의 죄인 됨을 고백하고, 예수님을 나의 구주, 인생의 주인으로 영접하기만 하면 예수님과 나 사이에 관계가 맺어진다. 이 은혜가 실로 놀랍지 않은가?

신비한 연합

만약 당신이 예수님을 영접하면 어떤 일이 일어날까? 나를 위해 죽으시고 부활하신 예수님과 내가 연합하여 주님 안에 거하게 된다.

> 너희는 하나님으로부터 나서 그리스도 예수 안에 있고
>
> _고전 1:30a

예수님을 믿으면 가장 먼저 예수님이 영으로 내 안에 찾아오신다. 그리고 내가 주님 안에, 주님이 내 안에 거하는 신비한 연합이 이루어진다.

오늘부터 진짜 나로 살기 위하여

그 날에는 내가 아버지 안에, 너희가 내 안에, 내가 너희 안에

있는 것을 너희가 알리라 _요 14:20

예수님은 우리와의 관계를 이렇게 묘사하셨다.

나는 포도나무요 너희는 가지라

그가 내 안에, 내가 그 안에 거하면 사람이 열매를 많이 맺나니

나를 떠나서는 너희가 아무 것도 할 수 없음이라 _요 15:5

나무와 가지는 하나다. 아무리 튼실한 가지라도 나무를 떠나면 죽기 마련이다. 또한 가지는 나무로부터 영양분을 공급받아 열매를 맺는다. 예수를 믿고 영접하면 나무와 가지처럼 우리가 주님과 하나 되어 하나님 나라의 열매를 맺는 신비한 연합이 이루어진다. 더 나아가 그 신비한 연합을 통해 하나님이 나의 아버지가 되시고, 내가 그분의 자녀가 되는 놀라운 관계가 만들어진다.

영접하는 자 곧 그 이름을 믿는 자들에게는

하나님의 자녀가 되는 권세를 주셨으니 _요 1:12

이것은 기독교의 기본 원리이자 핵심 가치다. 어떠한 수련

이나 고행을 통해서 얻어지는 것이 아니다. 누구든지 예수님을 믿으면 하나님이 나의 아버지가 되시고, 나는 하나님의 자녀가 된다.

세상을 창조하신 전능하신 하나님을 "아빠, 아버지"라 부르게 되는 것이다.

> 너희가 아들이므로
> 하나님이 그 아들의 영을 우리 마음 가운데 보내사
> 아빠 아버지라 부르게 하셨느니라 _갈 4:6

하나님께서 그 아들의 영을 우리 마음 가운데 보내어 마음으로부터 하나님을 아빠, 아버지라 부르게 하셨다. 비록 법적으로 아버지와 자녀의 관계가 맺어졌다 할지라도 마음으로부터 우러나오는 아버지에 대한 사랑과 친밀한 감정이 없다면 아버지와 자녀의 관계는 아무 의미가 없다. 따라서 우리는 하나님을 의무적으로 부르지 않는다. 마음으로부터 우러나오는 하나님을 향한 친밀함과 사랑을 가지고 '아빠, 아버지'라 부를 수 있다.

어떤 피조물이 세상을 창조하신 전능하신 하나님을 자신의 아버지라 부를 수 있겠는가? 오직 이 땅에 오신 하나님의 아들 예수님만이 하나님을 아버지라 부를 수 있다. 그런데 만약 우리가 하나님의 아들 예수를 믿게 되면 그 아들의 영으로 말미암아 우리도 하나님을 아빠, 아버지라 부를 수 있게 된다.

하나님의 자녀 된 자들에게는 하나님의 자녀만이 누릴 수 있는 권세가 있다. 언제든지 하늘 아버지에게 나아갈 수 있다. 하나님의 아들로서 하늘의 아빠 아버지 앞에서 투정도 부리고, 필요한 것에 대해서는 당당하게 요구도 할 수 있다. 또한 언제든지 아버지 앞에 나아가 부르짖어 기도할 수 있다.

> 양자의 영을 받았으므로
> 우리가 아빠 아버지라고 부르짖느니라 _롬 8:15b

기도는 아무나 하는 것이 아니다. 하나님의 자녀 된 자가 하늘에 계신 아버지께 하는 것이다. 우리가 기도할 대상은 바로 하늘과 땅의 권세를 가지신 하나님 아버지이다. 그러므로 자녀 된 우리는 인생이 힘들고 어려울 때, 그 문제를 가지고 아버지 앞에 나아가야 한다. 그러면 하늘에 계신 아버지께서 들으시고 가장 좋은 것으로 응답해 주신다.

> 너희가 악한 자라도 좋은 것으로 자식에게 줄 줄 알거든
> 하물며 하늘에 계신 너희 아버지께서

구하는 자에게 좋은 것으로 주시지 않겠느냐 _마 7:11

하늘에 계신 하나님 아버지는 우리가 구할 때 당신의 영혼에 가장 좋은 것으로 응답해 주신다. 그러므로 늘 아버지 앞에 나아가 구하라. 이것이 바로 하나님의 자녀 된 자만이 누릴 수 있는 권세다.

오늘부터 진짜 나로 살기 위하여

3장

/

목자 되신 주님을
따라가라
(시 23:1-3)

예수를 믿는다는 것은 관계가 맺어지는 것이다. 성경은 하나님과 나와의 관계를 '아버지와 아들, 주인과 종, 신랑과 신부, 친구의 관계, 목자와 양' 등의 다양한 관계로 표현한다. 본문의 다윗 역시 "여호와는 나의 목자시니"라고 말한다. 아삽 또한 여호와를 "이스라엘의 목자"(시 80:1)로, 야곱도 오실 메시아를 말씀하면서 "이스라엘의 반석인 목자"(창 49:24)라고 했다. 예수님 역시 "나는 선한 목자라"(요 10:11a)라고 말씀하셨다. 성경은 예수를 믿고 따르는 성도를 가리켜 "그의 기르시는 양이로다"(시 100:3)라고 기록하고 있다.

성경은 하나님과 우리의 관계를 목자와 양의 관계로 묘사하고 있다. 특히 다윗이 그러한 표현을 자주 사용한다. 그는 베들레헴의 목동으로서 목자와 양의 관계를 누구보다도 잘 알고 있었다. 목자와 양의 관계는 하나님과 우리의 관계를 잘 설명해 줄 수 있는 독특한 특징을 가지고 있다.

이를테면 양은 연약하고 우둔하여 목자가 없이는 한순간도 살아갈 수 없다. 그래서 나타나는 첫 번째 특징은 양은 스스로 우리를 찾지 못한다는 것이다. 양은 앞에 있는 먹이조차도 형태를 보고 겨우 알아맞힐 정도로 시력이 매우 나쁜 동물로 알려져 있다. 그러니 한번 길을 잃으면 어지간해서는 자기 우리로 찾아오지 못한다.

하나님의 품을 떠난 인간들은 모두 길을 잃은 양이다. 그렇기에 인간 스스로 에덴동산을 향하여 나아갈 수 없다. 우리 스스로 하나님께로 나아갈 수 없다.

그렇다면 어떻게 하나님의 품으로, 또 에덴동산으로 나아갈 수 있을까? 그것은 '길이요 진리요 생명이 되신 선한 목자이신 예수 그리스도'를 통해서만 가능하다. 그래서 예수님도 "나로 말미암지 않고는 아버지께로 올 자가 없느니라"(요 14:6b)라고 말씀하셨다.

둘째, 양은 스스로 먹이를 찾지 못한다. 목자가 푸른 초장이나 쉴 만한 물가로 인도하지 않으면 굶거나 목이 말라 죽을 수밖에 없다. 이스라엘 백성이 40년 동안 광야에서 생활할 때 하나님께서는 그들의 목자가 되셔서 하늘에서 매일같이 만나를 내려 주셨다. 목마를 때는 반석에서 생수를 내어 마시게 하셨다. 이와 마찬가지로, 광야같은 인생길을 살아가는 당신에게도 선한 목자 되신 주님께서 앞서 인도하시며, 삶에 필요한 것들을 공급해 주셔야만 한다. 그래서 예수님은 말씀하셨다.

나를 떠나서는 너희가 아무 것도 할 수 없음이라 _요 15:5b

셋째, 양은 연약하다. 다른 동물들을 보라. 저마다 공격 혹은 방어용 무기가 있다. 싸울 때 날카로운 이빨이나 뿔, 발톱 등을 이용한다. 힘이 없는 동물들은 나름대로 보호색을 가지고 있다. 그런데 양은 이러한 장점이 전무하다. 스스로 자신을 보호하지 못한다. 겁이 많아서 거세게 흐르는 물도 마시지 못할 정도다. 이리나 사자와 같은 포식자가 나타나면 힘한번 써보지 못하고 잡혀 죽고 만다. 스스로 자신을 보호할 수 없을 만큼 연약한 존재인 양은 그저 목자의 보호를 받아야만 살 수 있다. 목자가 푸른 초장으로, 쉴만한 물가로 인도해 주어야 한다. 또한 사나운 짐승으로부터 지키고 보호해 주어야 한다.

우리는 양과 같은 존재다. 아무리 똑똑하고, 지혜롭고, 건강한 자 같아도 하나님 앞에서 우리는 모두 양이다. 양처럼 우둔하고, 연약하고, 홀로 살 수 없는 존재다. 그러므로 모든 날, 모든 순간 우리에게는 절대적으로 목자가 필요하다. 목자가 없이는 한순간도 살 수 없고 아무것도 할 수 없다.

누가 나의 목자인가? 다윗은 분명히 말한다. "여호와는 나의 목자시니"(시 23:1a). 여호와 하나님이시다. 스스로 존재하시는 하나님, 천지 만물을 창조하신 하나님, 약속을 지키시는 신실하신 하나님이 목자이시다. 그 여호와 하나님이 나를 지키시고, 나를 인도하시며, 나와 동행하신다. 여호와 하나님이 내 인생의 목자가 되어 주기를 원한다면, 그 목자의 인도와 보호하심을 따라 살기를 원한다면 내가 먼저 그분의 양이 되어야 한다.

경험된 하나님

다윗은 여호와 하나님이 "우리의 목자"가 아닌 "나의 목자"라고 고백한다. 내 삶의 현장에서 내가 만나고, 내가 경험한 나의 하나님이시기 때문이다. 다윗은 어린 시절 베들레헴 땅에서 비천한 목동으로 지냈다. 목동으로서 아버지의 양을 지킬 때 사자나 곰이 양의 새끼를 물어 가면 쫓아가서 그것들을 물리치고, 그 입에서 새끼를 건져 내곤 했다. 그 일을 통해 자신의 양을 결코 포기하지 않고 보호하시는 목자 하나님의 마음을 깨닫게 되었다.

그는 또한 자신이 던진 물맷돌을 맞고 쓰러지는 블레셋의 장수 골리앗을 보면서 살아 계신 하나님, 나의 힘이 되시는 하나님을 경험했다. 또 사울 왕에게 10년 넘게 쫓겨 다니면서 하나님만이 나의 피난처요, 나의 요새이심을 깨달았다. 그것만이 아니다. 그는 자신의 부하인 우리아의 아내 밧세바를 범하여 간음죄를 저지르고, 우리아를 죽이는 살인죄까지 지었다. 그후 나단 선지자의 책망을 듣고, 침상을 눈물로 적시며 회개했다.

이처럼 다윗은 참으로 파란만장한 삶을 살았다. 숱한 죽음의 위협과 배신과 넘어짐을 경험하면서 하나님이 어떤 분인가를 경험했다. '하나님이 나의 목자가 되시는구나. 하나님이 여전히 나와 함께 계셔서, 나의 보호자가 되어 주시고, 나를 인도하고 계시는구나'라는 사실을 깨닫게 된 것이다.

다윗은 승리와 성공을 통해서만 하나님을 만난 것이 아니다. 실패와 넘어짐을 통해서도 하나님을 만났다. 그는 이 땅을 살았던 사람들 중 그 누구보다 여호와 하나님을 많이 만나고 경험한 사람이었다. 따라서 다윗의 마음속은 여호와 하나님으로 가득 차 있었다. 그분을 말하지 않고는, 그분을 노래하지 않고는 견딜 수 없는 뜨거움이 있었다. 그래서 다윗은 이렇게 노래했다.

> 여호와는 나의 목자시니 _시 23:1a
>
> 나의 힘이신 여호와여 내가 주를 사랑하나이다 _시 18:1

오늘 당신의 심령은 무엇으로 가득 차 있는가? 돈인가? 명예인가? 혹 사치와 허영 아니면 불평과 원망으로 가득 차 있지는 않은가? 사람은 마음에 가득한 것을 입으로 표현하게 되어 있다. 지금 나의 심령은 무엇으로 가득 차 있는가? 그것을 알기 원한다면 평상시 나의 입에서 나오는 말을 점검해 보라. 당신의 입에서 나오는 노래를 점검해 보라.

주님을 신뢰하고, 말씀을 사모하며, 기도의 불을 끄지 않는 한국교회 모든 성도가 다윗처럼 하나님을 경험하여 알기

원한다. 우리 가운데 행하시는 많은 일로 인해 다른 사람의 하나님이 아닌 나의 하나님으로 만날 수 있기를 바란다. 인생의 성공만이 아니라 실패와 넘어짐을 통해서도 하나님 그분을 더 깊이 경험하여 알 수 있기를 원한다. 다윗처럼 "여호와는 나의 목자시니", "나의 힘이신 여호와여 내가 주를 사랑하나이다"라고 고백하기를 바란다.

부족함이 없으리로다

다윗은 여호와 하나님이 나의 목자 되시기 때문에 "내게는 부족함이 없다"라고 고백한다.

> 여호와는 나의 목자시니 내게 부족함이 없으리로다 _시 23:1

어떤 그리스도인들은 '부족함이 없다'는 말을 하나님께서 내 모든 욕망을 다 채워 주시는 것으로 생각한다. 그래서 모든 일이 형통하고, 아무런 고난과 고통 없이 편히 사는 것으로 해석하기도 한다. 그러나 이 말의 진정한 의미는 목자와 양의 관계를 통해 살펴야 한다.

이스라엘 백성의 광야 생활을 보라. 목마름이 있었다. 뒤

쫓아 오는 애굽 군대의 추격을 받기도 했다. 아말렉의 공격을 받고, 불뱀에 물리기도 했다. 그런데 성경은 40년 광야 생활이 '부족함이 없었다'고 한다. 이스라엘 백성의 40년 광야 생활 동안 하나님은 목자가 되셔서 구름 기둥으로 그들을 앞장서 인도하셨다. 하늘에서 만나와 메추라기를 내려 먹이셨다. 반석에서 생수를 내어 마시게 하셨다. 애굽의 군대가 추격해 올 때 홍해를 갈라 육지처럼 건너게 하셨다. 뒤따라오는 애굽 군대를 바다 가운데 수장시켜 버리셨다. 아말렉의 군대를 물리쳐 주셨다. 이렇게 하나님은 선한 목자가 되어 당신의 양 떼인 이스라엘 백성을 지키시고, 보호해 주셨다. 모든 상황 가운데 주님의 뜻대로 인도하시며 마침내 최종 목적지인 약속의 땅 가나안에 들어서게 하셨다.

다윗의 인생도 마찬가지다. 10년 동안 사울 왕에 의해 쫓겨 다니며 산과 들 그리고 굴에서 생활해야만 했다. 믿었던 신복과 아들에게 배신을 당하기도 했다. 그럼에도 불구하고 자신의 인생은 부족함이 없었노라고 말한다. 분명히 그의 인생에 배고픔이 있었고, 배신과 쫓김도 있었으며 수많은 전쟁이 있었다. 하지만 선한 목자 되신 하나님은 그를 지키시고 보호하셔서 마침내 약속대로 이스라엘의 왕이 되게 하셨다. 그의 인생을 책임져 주신 것이다. 다윗의 고백처럼 사망의 음침한 골짜기를 다녔지만 하나님께서 함께해 주셨고, 원수의 목전에서 보란 듯이 상을 차려 주셨다.

그러니 '부족함이 없다'는 것은 무엇을 뜻하는가? 고난을 당하나 고난을 이겨 내는 것이다. 하나님이 거친 세파에도 나를 버려두지 않고 보호하시며, 빛 가운데로 인도하시는 것이다. 또한, 나의 모든 것 되시는 하나님이 나의 선한 목자가 되신다는 말이다. 선한 목자 되신 주님께서 이 땅에 하나님 나라를 소망하며, 회복의 은혜를 꿈꾸며 살아가는 인생 가운데 부족함 없는 은혜를 베풀어 주신다.

인도하시는도다

목자는 자기 양들을 인도한다. 2절과 3절에는 "인도하시는도다"라는 말이 거듭 반복된다. 하나님은 우리를 조종하시지 않는다. 조종은 통제하는 것을 말한다. 주님은 우리를 인도하신다. 인격적으로 대하시며 때로는 기다려 주시고, 때로는 막대기와 지팡이로 막으신다. 그런 주님의 인도하심을 성경은 아름답게 기록하고 있다. 그렇다면 주님은 어떤 곳으로 우리를 인도하실까?

그가 나를 푸른 풀밭에 누이시며

쉴 만한 물가로 인도하시는도다 _시 23:2

첫째, 주님은 우리를 푸른 풀밭과 쉴 만한 시냇가로 인도하신다.

거친 광야와 험한 산지가 대부분인 팔레스타인에서는 푸른 풀밭과 잔잔한 시냇가를 쉽게 찾을 수 없다. 그럼에도 목자는 자신의 양들을 푸른 풀밭, 쉴 만한 시냇가로 인도한다. 푸른 풀밭과 쉴 만한 물가는 한 폭의 그림과도 같다. 끝없이 펼쳐진 푸른 풀밭에서 배불리 먹은 양 떼들이 잔잔한 시냇물이 흐르는 시냇가에 누워 평화로운 쉼을 얻는다. 그야말로 그곳은 평화와 풍요로움 그리고 안식을 상징한다. 참된 쉼과 평화와 안식을 얻으려면 선한 목자이신 주님의 인도를 따라 살아야 한다. 예수님도 "수고하고 무거운 짐 진 자들아 다 내게로 오라 내가 너희를 쉬게 하리라"(마 11:28)라고 말씀하셨다. 그렇다. 우리 주님의 관심은 돈이 아니다. 성공이 아니다. 사랑하는 양들의 참된 쉼과 평안과 안식이다. 광야의 인생길을 걷는 우리에게는 참된 쉼과 평안과 안식이 필요하다.

둘째, 주님은 우리를 의의 길로 인도하신다.

내 영혼을 소생시키시고 자기 이름을 위하여
의의 길로 인도하시는도다 _시 23:3

선한 목자 되신 우리 주님은 우리를 인도하시되 의의 길로 인도하신다. 의의 길은 똑바르고 넓고 평탄한 길이 아니다. 하나님께서 보시기에 의롭고 안전한 길이다. 이스라엘은 대부분 산악지대로 되어 있다. 그래서 낮은 계곡으로 이동할 경우 갑자기 불어난 급류에 양들이 휩쓸려 내려갈 수 있다. 또 맹수나 도적이 나타나기 쉽다. 그러다 보니 목자는 때로는 가까운 길을 두고, 먼 길을 선택하여 양들을 인도하기도 한다. 양 떼에게는 고생이다. 그러나 그 길이 가장 안전한 길이고, 생명을 지킬 수 있는 길이다.

우리의 관점으로는 가깝고 쉬운 길을 두고, 힘든 길로 인도하시는 하나님이 때로는 이해되지 않을 수도 있다. 그러나 목자이신 주님이 인도하시는 길이 가장 안전한 길이다. 그 길이 생명의 길이다. 세상에는 의의 길만이 있는 것이 아니다. 죄악의 길, 넓은 길, 사망의 길도 있다.

> 어떤 길은 사람이 보기에 바르나
> 필경은 사망의 길이니라 _잠 14:12

사람의 눈에 바르게 보여도 사망으로 인도하는 길이 있다. 그러니 아무리 힘들어도 목자 되신 주님의 음성을 듣고, 주님을 따라야 한다. 진학에 실패해도, 사업에 실패해도 주님을 신뢰해야 한다. 환란과 핍박이 있어도 십자가를 지고 주님을 따라야 한다. 경제적인 어려움이 있어도 주님의 손을 붙잡고, 동행해야 한다. 그 길 가운데 선한 목자 되신 하나님께서 반드시 우리를 살게 하는 밝은 빛을 비춰 주실 것이다.

자기의 이름을 위하여

하나님은 자기의 이름을 위하여 의의 길로 인도하신다.

> 자기 이름을 위하여 의의 길로 인도하시는도다 _시 23:3b

하나님은 자기의 이름과 명예를 귀하게 여기신다. 목자의 모든 명예는 양 떼를 잘 인도하는 데 달려 있다. 주님은 당신의 명예를 걸고 양들을 의의 길로 인도하신다. 그분은 양 떼를 뒤에서 몰아가지 않고 앞장서서 인도하신다. 반면에 사탄은 뒤에서 몰아간다. 그러므로 아무리 다급해도 주님보다 앞서 행해서는 안 된다. 어떠한 상황에서도 오직 주를 신뢰함으로 따라가야 한다. 광야의 인생길을 걷는 우리에게는 반드시 목자가 필요하다. 천지 만물을 창조하신 하나님, 구원의 은혜를 선포하고 약속을 지키시는 신실하신 하나님이 바로 우리의 목자다.

여호와 하나님이 나의 목자가 되시면 우리는 부족함 없는 은혜를 누리게 된다. 선한 목자 되신 주님께서 우리를 푸른 풀밭과 쉴 만한 물가로 인도하신다. 우리는 그곳에서 참된 쉼과 평안과 풍요로움 그리고 안식을 누리게 될 것이다. 인생이 고단한가? 하루하루 버티기가 힘이 드는가? 그때에도 선한 목자의 음성을 듣고 목자 되신 주님을 따라야 한다. 주님께서 반드시 의롭고 선한 길, 생명의 길로 우리를 인도하실 것이다.

오늘 하나님을 만나다

여호와는 나의 목자시니

내게 부족함이 없으리로다

그가 나를 푸른 풀밭에 누이시며

쉴 만한 물 가로 인도하시는도다

내 영혼을 소생시키시고

자기 이름을 위하여 의의 길로 인도하시는도다

/ 시 23:1-3 /

4장

/

친밀함을 회복하라

(시 25:14-15)

얼마 전에 한 선교사님이 이런 간증을 하셨다. 선교지에서 차가 폐차될 정도로 큰 교통사고를 당했는데 놀랍게도 자신의 몸은 하나도 상하지 않았다는 것이다. 충돌 순간 누군가 자신의 몸을 감싸 안는 것을 느꼈다고 한다. 사고 직후 한국에 있는 부모님께 전화를 드렸더니 마침 아버님이 전화를 받으셨다. 어머니를 바꿔 달라고 했더니 "어머니는 매일 저녁 너를 위해 교회에서 기도하고 계신다"라며 "나도 기도하다 잠깐 집에 들렀다가 너의 전화를 받게 되었다"라고 말씀하시더라는 것이다. 그때 선교사님은 '부모님의 기도가 나를 살렸구나', '부모님의 기도가 있기에 내가 이렇게 사역을 하고 있구나' 다시 한번 깨달았노라고 얘기했다.

나의 부모님도 마찬가지다. 부모님은 믿음의 1세대셨다. 아버지는 매일 새벽 4시 반에 일어나 교회 종을 치셨다. 어머니는 토요일이면 교회 청소를 하셨고, 교회에 오시는 강사님들의 접대를 도맡아 하셨다. 이렇게 처음 주님을 만나 믿음 생활을 시작한 세대는 신앙의 열정이 대단하다. 그런데 믿음의 2대, 3대로 흘러가면 어떤가? 교회는 다니지만, 열정이 없다. 타성에 젖어 형식적으로 신앙생활을 하는 경우가 많다. 믿음의 대(代)가 이어지지 못하고, 여호와를 전혀 알지 못하는 세대가 되는 경우도 있다.

할아버지는 장로님, 어머니는 권사님이신데, 자신은 지금 신앙생활을 하지 않는다고 말하는 이들을 많이 보았다. 믿음의 대가 이어지지 않고 끊어져 버린 것이다. 심지어 어떤 이들은 하나님의 이름을 모독하고, 주님의 교회를 핍박하고, 하나님과 원수 된 자로 살아가기도 한다. 가정에서 전수해야 할 믿음의 기념비가 무너지고, 하나님과의 친밀함이 사라진 증거다.

요즘 하나님과의 사이는 어떻습니까?

당신은 요즘 하나님과의 사이가 어떤가? 친밀하다고 생각하는가? 이렇게 질문하는 이유가 있다. 친밀함에도 정도의 차이가 있기 때문이다.

관계가 맺어져 있다고 모두 다 친밀한 것은 아니다. 친밀함을 쌓기 위해서는 부단한 노력이 필요하다. 아주 오래전 통계다. 한 기관이 직장인 1,067명을 대상으로 물었다.

"귀하께서는 타인과 친해지기 위해 어떤 노력을 하십니까?"

응답자 중 73%의 사람이 밥을 같이 먹거나 취미활동을 함께 한다고 답했다. 이처럼 세상 사람들도 누군가와 친밀한 관계를 맺고 유지하기 위한 노력을 한다.

그렇다면 하나님과 관계를 맺고 살아가는 당신은 하나님

과의 친밀함을 위해 어떤 노력을 기울이고 있는가? 관계는 오직 은혜로 맺어지지만, 친밀함은 당신의 노력과 태도에 달려 있다. OMF 선교회 감독이자 작가인 오스왈드 샌더스(Oswald Sanders, 1902-1992)는 말했다.

"우리가 얼마나 하나님과 친해지느냐 하는 것은 진정으로 우리의 선택에 달려 있다. 하나님과의 친밀함은 간절한 열망의 산물이다."

모든 관계에는 친밀함의 차이가 있다. 부부도 마찬가지다. 결혼하여 한몸을 이루고 살지만, 그 친밀함이 집에서 기르는 강아지만도 못한 부부가 있다. 애완견에게는 갖은 애정을 쏟으며 다정하게 말을 하고, 함께 산책하고, 침대에서 품고 자면서도 종일 일하고 들어온 남편과는 몇 마디 말도 하지 않는 아내가 있다. 반대로 축구나 자전거 동호회 같은 취미 생활에 푹 빠져 있는 이유로 아내를 소외시키며 별 관심을 주지 않는 무심한 남편이 있다.

하나님과의 관계도 마찬가지다. 예수를 믿음으로 하나님과 관계가 맺어졌지만, 하나님의 자녀 된 권세를 누리며 살지 못하는 사람들이 있다. 분명 예수를 영접함으로 주님이 내 안에 거하고 내가 주님 안에 있지만, 주님과의 친밀한 사귐 없이 신앙생활을 하는 사람들이 적지 않다. 친구를 만나서는 시간 가는 줄 모르고 수다를 떨면서도 정작 내 안에 계신 주님과 한마디 대화도 나누지 않고 살아가는 이들이 있다. 관계가 맺어졌음에도 마음속 이야기를 나눌 수 없을 만큼 서먹하고 멀어졌다면 그 관계는 아무 의미가 없다. 하나님에 대하여 아무리 지식이 많아도 하나님과 친하지 않으면 아무 소용이 없다.

한 목사님이 자신의 딸과 이야기를 하던 중 딸이 이렇게 말했다.

"우리 10월에 시카고 간다."

"아니지, 아빠가 6월에 달라스로 출장 간다고 했지, 언제 시카고 간다고 했니?"

"우리 빌보드 시상식 때문에 시카고 가."

알고 보니 'BTS(방탄소년단)가 10월에 미국 시카고에서 공연을 한다'는 의미였다. 목사님은 당황했다.

"BTS면 BTS이지, BTS가 왜 '우리'야? 네가 방탄소년단이니?"

그러자 딸이 말하길, BTS 팬들은 BTS와 자신을 동일시하고, BTS의 메시지를 수용하며 그것을 삶의 지표로 삼고 살아간다는 것이다. 딸에게는 BTS와 자신이 하나였던 것이다. BTS는 딸을 모르지만, 딸은 이미 공동체 의식으로 '우리'가 되어 있었다. 이렇게 자신이 좋아하는 가수와도 하나가 되는 친밀함을 가지고 살아가는데 하나님의 사람인 당신은 하나님과 친밀함의 축복을 누리며 살고 있는가?

여호와께서 대면하여 아시던 자

모세는 하나님과 가장 친한 사귐을 누리며 살았던 대표적인 인물이다. 그가 세상을 떠났을 때 하나님은 말씀하셨다.

모세는 여호와께서 대면하여 아시던 자요 _신 34:10b

표준새번역은 '주께서 얼굴과 얼굴을 마주 대고 말씀하신 사람'이라고 기록되어 있다. 주께서 얼굴과 얼굴을 마주 보고 말씀하셨다는 것은 '주님과 가장 친한 사람'이었다는 의미다. 모세가 죽었을 때 하나님은 그를 '얼굴을 마주 보며 대화를 나눌 만큼 나와 가장 친했던 사람'이라고 평가하신 것이다. 출애굽기에도 하나님이 모세와 얼굴을 마주 대하여 말씀하신 장면이 나온다.

사람이 자기의 친구와 이야기함 같이
여호와께서는 모세와 대면하여 말씀하시며 _출 33:11a

행간에서도 알 수 있듯 모세는 이렇게 하나님과의 친밀한 사귐을 가지고 살았다. 본문에서 다윗은 여호와의 친밀하심이 그를 경외하는 자에게 있다고 말한다.

여호와의 친밀하심이 그를 경외하는 자들에게 있음이여

_시 25:14a

'친밀하심'을 히브리어로 '소드'라고 한다. 이 말에 담긴 뜻은 '비밀'이다. 그러므로 본문 말씀을 다시 해석하면 '하나님께서 당신을 경외하는 자들에게 비밀스런 생각과 계획까지도 다 털어놓으신다'는 뜻이 된다. 하나님께서는 믿음의 조상 아브라함에 대해 "나의 벗 아브라함"(사 41:8)이라고 하신다. 사도 야고보도 아브라함을 "하나님의 벗"(약 2:23)이라고 표현했다.

아브라함과 친밀한 관계에 있던 하나님은 두 명의 천사와 함께 아브라함을 방문하여 100세에 아들을 낳을 것을 말씀하셨다. 곧이어 "내가 하려는 것을 아브라함에게 숨기겠느냐"(창 18:17)라고 하시며 앞으로 하실 일에 대해 말씀하셨다. 소돔과 고모라를 심판하시기 직전에도 하나님은 아브라함에게 소돔과 고모라의 멸망을 먼저 알려 주셨다. 하나님과 친밀함 가운데 있을 때 하나님의 뜻을 분별할 수 있고, 영적 전쟁에서 승리할 수 있다.

친밀함이 우선이다. 하나님과의 관계가 우선이다. 그 관계 속에서 하나님이 하시는 일에 동참할 수 있다. 그 친밀함을 통해 하나님의 사람의 선명한 기준대로 살아갈 수 있다. 그렇다면 누가 하나님과 친밀함의 축복을 누리는가?

하나님은 당신을 경외하는 자들에게 친구를 대하듯 모든 비밀을 다 말씀하신다. '경외한다'는 것은 두려워 떨며 하나님을 섬기는 것이다. 하나님이 당신을 친구처럼 친밀하게 대하신다고 해도 당신은 하나님을 경외해야 한다. 피조물인 인간이 하나님을 향해 가져야 하는 마음의 자세와 태도는 바로 경외다. 하나님은 어떠한 경우에라도 당신의 경배와 찬양을 받으시기에 합당하신 분이다.

하나님을 경외하는 구체적인 행위는 바로 예배다. 신약의 대표적인 예배용어는 '프로스쿠네오(προσκυνέω)'이다. 이 단어는 신약에 65회 등장한다. "프로"는 '어디를 향하여'라는 뜻이고 "스쿠네오"는 '입맞춤'이라는 뜻이다. 예배는 '하나님의 보좌를 향하여 입을 맞추는 것'이다. 당신은 예배함으로 하나님과 친밀함을 경험할 수 있다.

사랑스런 눈길이 머무는 곳

하나님은 당신의 형상대로 지으신 인간들과 친밀함을 갖기를 원하신다. 첫 사람 아담과 하와는 타락하기 전까지 모든 피조물이 부러워할 만큼 하나님과 친밀한 사귐 가운데 있었다. 하나님은 새 언약의 백성인 당신이 아담보다 더 특별한 관계를 맺고, 더 친밀한 사귐의 축복을 누리며 살기를 원하신다. 당신이 마음과 뜻과 힘을 다하여 거룩하신 하나님, 보좌에 앉으신 하나님을 경외할 때 하나님은 당신을 더욱 친밀하게 대해 주신다.

이것은 아마도 이해할 수 없는 신비일 것이다. 당신이 하나님을 높이면 높일수록 하나님은 당신을 높여 주신다. 당신이 마음을 다하여 영과 진리로 하나님을 예배하면 하나님은 당신을 존귀하게 하신다. 당신이 두렵고 떨리는 마음으로 은혜의 보좌 앞에 나아가면 하나님은 당신을 품에 안아 주시고, 마음속 비밀을 깨달아 알게 하신다.

하나님과 친밀하게 되는 축복을 누리는 자가 누구인가? 항상 여호와를 바라보는 자이다.

> 내 눈이 항상 여호와를 바라봄은 _시 25:15a

시를 쓴 다윗은 자신의 눈이 항상 여호와를 바라보고 있다고 말한다. 이는 자신의 눈이 지금 하나님께 고정되어 있음을 말한다. 다윗은 이전에도 "나의 영혼이 주를 우러러보나이다"(시 25:1)라고 했다. "우러러 보나이다"는 미완료형이다. 즉 자신의 영혼이 지속적으로 하나님만을 향한다는 것이다.

내 눈이, 내 영혼이 주를 계속 바라본다는 것은 그분을 의지한다는 말이다.

다윗은 "나의 영혼이 주를 우러러보나이다"라고 한 후 바로 "나의 하나님이여 내가 주께 의지하였사오니"(시 25:2a)라고 했다. 주를 의지한다는 것은 기도를 말한다. 하나님과의 친밀함은 기도 없이는 불가능하다. 타인과 몇 번 만나 의례적인 인사를 나눈다고 해서 쉽게 친밀해지지 않는다. 하나님과의 관계도 마찬가지다. 하나님의 보좌 앞에 머물러 있는 시간이 길수록 하나님과의 친밀함이 더욱 깊어지기 마련이다.

그저 복을 받기 위해, 혹은 자신의 욕구를 성취하기 위해 기도하는 자는 아무리 오랜 시간 기도해도 하나님과의 친밀함이 생기지 않는다. 친밀함을 위한 기도는 있는 모습 그대로의 기도다. 자신을 꾸미지 않고, 마음을 그대로 쏟아 놓는 기도다. 기도하는 자는 나의 수치와 허물과 부끄러움을 다 털어놓아도 주님께서 모두 이해해 주시고, 용납하여 주신다는 확신이 있어야 한다. 나를 있는 모습 그대로 받아 주시며 변함없는 사랑으로 나를 안아 주실 것이라는 믿음을 가지고 기도해야 한다.

하나님을 경외하는 또 다른 행위는 하나님에 대한 사랑을 고백하는 기도이다. 우리는 늘 주님을 향하여 사랑의 고백을

할 수 있어야 한다.

"주님, 사랑합니다. 주님의 이름을 찬양합니다. 성령님, 환영합니다."

이런 사랑의 고백이 있는 기도를 드릴 때 사랑이 깊어지고, 신뢰가 쌓이고, 더 깊은 마음의 비밀을 나눌 수 있는 친밀한 관계가 형성된다. 다윗은 어떤 상황에서 여호와를 바라보았는가?

> 나의 원수들이 나를 이겨 개가를 부르지 못하게 하소서 _시 25:2b
> 내 발을 그물에서 벗어나게 하실 것임이로다 _시 25:15b
> 주여 나는 외롭고 괴로우니 _시 25:16a
> 내 마음의 근심이 많사오니 _시 25:17a
> 나의 곤고와 환난을 보시고 _시 25:18a

다윗은 환난 중에도 흔들리지 않고 하나님만을 주목하며 기도했다. 하나님만이 지금의 이 상황을 이기게 하시고, 영적 전쟁에서 승리케 하실 것이라는 분명한 확신이 있었기 때문이다.

여호와의 친밀하심이 있는 자가 누리는 복

그의 언약을 그들에게 보이시리로다 _시 25:14b

　나의 은밀한 비밀을 털어놓는 대상이 누군가? 가장 친하고 믿을 만한 사람이다. 그 누가 뭐라고 해도 나를 온전히 이해해 줄 사람이다. 하나님 역시 하나님 자신과 친밀한 사귐이 있는 자에게 자신의 비밀을 털어놓으신다. 하나님께서는 아브라함을 친구처럼 대하셔서 심판에 대한 이야기를 다 털어놓으셨다. 아브라함 역시 자신을 친구처럼 대하시는 하나님께 소돔성을 멸하지 않으셨으면 좋겠다는 자신의 마음을 말씀드렸다.

　하나님은 당신을 경외하는 자들에게 그의 언약을 보여 주신다고 했다. 하나님께서 당신에게 보여 주신 최고의 언약은 바로 하나님께서 당신을 사랑하셔서 독생자를 보내 주신 것이고, 독생자 십자가에 달려 죽으심으로 화목제물이 되신 것이다. 그래서 사도 바울은 "이 비밀은 너희 안에 계신 그리스도시니"(골 1:27b)라고 했다. 그렇다. 하나님께서 당신에게 보여 주신 최고의 비밀은 예수 그리스도다!

　하나님은 당신과 친밀함 가운데 있는 사람에게 당신의 비밀스러운 사랑 이야기를 들려주신다. 그것은 그리스도 예수 안에 있는 하나님의 사랑이다. 그래서 하나님은 오늘도 당신에게 다가와 이렇게 말씀하신다.

"나는 너를 사랑해."

"언제나 변함없이 나는 너를 사랑해."

"그리스도 예수 안에 있는 나의 이 사랑에서 너를 끊을 수 있는 것은 아무것도 없어."

당신이 하나님의 음성을 듣지 못하고 세상에서 방황하고 있을 때도 주님은 안타까워하는 마음으로 당신에게 다가와 "나는 너를 사랑해"라고 말씀하신다. 이것이 바로 하나님과 친밀함 가운데 있는 당신에게 들려주시는 비밀스러운 하나님의 사랑 이야기다.

내 발을 그물에서 벗어나게 하실 것임이로다 _시 25:15b

TV에서 사냥꾼이 쳐 놓은 올무에 걸려 몸부림치는 동물을 본 적 있는가? 그물에 걸려 있는 동물은 움직이면 움직일수록 더욱 그물에 걸려 빠져나오지 못한다. 내 발이 그물에 걸려 있다는 것은 최악의 절망 가운데 있음을 말한다. 다윗은 이런 절망 속에서도 하나님과의 친밀함을 누리고 있었기에 이렇게 노래한다.

내가 언제나 여호와를 바라봅니다.

왜냐하면 내가 덫에 걸리지 않도록 막아 주실 분이

주님밖에 없기 때문입니다. _시 25:15, 쉬운성경

절망의 자리에서도 하나님을 경외하고 기도의 줄을 놓지
않았던 다윗은 하나님께서 자신을 구원하여 주실 줄을 확신
했다. 다윗은 이 놀라운 구원에 대해 이렇게 표현한다.

주를 바라는 자들은 수치를 당하지 아니하려니와 _시 25:3a

수치를 당한다는 것은 원수에게 패하는 것을 말한다. 그러
나 주를 의지하는 자, 곧 하나님과의 친밀함 가운데 있는 자
는 실패하는 것처럼 보여도 수치를 당하지 않는다. 인생이
끝난 것처럼 보여도 마지막에 승리하게 되어 있다. 하나님과
친밀한 자가 수치를 당하면 그 부끄러움이 하나님 당신의 것
이 되기 때문이다. 하나님은 당신과 친밀함 가운데 있는 자
의 발을 그물에서 벗어나게 하시고 주를 바라는 자들로 수치
를 당하지 않게 하신다. 그러므로 인생의 진정한 성공은 하
나님과 친밀해지는 것이다. 이보다 더 큰 만족과 유익을 주
는 선물은 없다. 오늘 하나님과의 친밀함을 회복하라.

오늘부터 진짜 나로 살기 위하여

5장

/

예배를 회복하라

(느 3:1)

2019년 12월 중국 후베이성 우한시에서 처음 확인된 코로나 바이러스가 전 세계적으로 확산된 지 약 3년이 되었다. 지금까지 코로나 바이러스로 인해 약 640만 명이 사망했고, 6억에 가까운 사람이 감염되었다. 공식 집계되지 않은 것까지 포함하면 그 숫자는 더욱 늘어날 것이다. 또한 바이러스에 감염되지 않기 위해 많은 사람이 위험을 감수하면서까지 백신을 맞아보지만 새로운 변이의 등장으로 인해 코로나 바이러스의 확산은 2022년 현재까지 계속되고 있다.

코로나 바이러스는 많은 사람의 삶의 지축을 흔들어 놓았다. 코로나 팬데믹 상황이 길어지면서 이전에는 생소하던 것들이 이제는 자연스럽게 삶의 한 부분으로 자리 잡고 있다. 마스크 착용은 기본이고, 방역지침에 따른 재택근무, 실내 시설 이용 제한과 모임 금지가 일상화되었다. 교육도 비대면으로 진행되고, 교회에서는 예배도 한동안 비대면으로 드려야 했다. 코로나 거리두기가 풀리면서 점진적으로 현장 예배를 드리고 있지만, 아직도 많은 성도가 온라인으로 예배를 드리고 있다.

오랫동안 코로나 팬데믹이 진행되면서 삶의 많은 부분이 무너졌지만, 특히 그리스도인의 삶 가운데서 가장 심각하게 무너진 것은 바로 예배가 아닌가 싶다. 영상으로 예배를 드리다 보니 처음에는 낯설기도 하고, 긴장감이 있었지만, 이제는 영상예배를 드리는 것에 더 익숙해져 가고 있다. 온라인으로 드리는 예배 환경 자체는 문제가 아니다. 진짜 문제는 화면에서 전해지는 설교를 듣는 것으로 예배를 드렸다고 생각하는 우리의 태도이다.

하나님께 드리는 예배는 영과 진리로 드려야 한다. 마음과 뜻과 정성을 다해 드려야 한다. 그런데 온라인을 통해 그저 형식적으로 예배를 드리는 이들이 점점 많아지고 있다. 많은 사람이 코로나 상황이 끝나도 한국교회가 이전의 모습으로 돌아갈 수 없을 것이라는 부정적인 전망을 내놓는다. 작금의 상황을 봤을 때 한국교회에서, 당신의 삶에서 가장 시급하게 회복되어야 할 부분이 예배임은 부정할 수 없다. 예배가 모든 회복의 시작이다.

성벽 재건에 동참한 사람들

본문은 바벨론 70년 포로 생활을 청산하고 돌아온 유다 백성이 예루살렘의 성벽을 재건하는 모습을 기록하고 있다.

> 그 때에 대제사장 엘리아십이 그의 형제 제사장들과 함께 일어나 양문을 건축하여 _느 3:1a

"그 때에." 이때는 바벨론 포로 생활을 청산하고 돌아온 자들이 예루살렘 성벽 재건을 시작한 때다. 대제사장과 일반 제사장들이 양의 문과 주변 성벽을 건축하는 일을 했다고 기록하고 있다. 원래 제사장들은 제사를 드리는 영적인 일만 하는 사람들이다. 그런데 이들이 성벽을 재건하는 일에 자원하여 무거운 돌을 나르고, 문짝을 달고, 땀방울을 흘리면서 동참한 것이다.

느헤미야 3장에는 예루살렘 성벽 재건공사에 동참한 75명의 명단을 기록하고 있다. 여기에 더해 구체적으로 '누가 무슨 성을 건축하고, 문짝을 달고, 기둥을 달고, 성벽을 건축했는지' 작업 내용까지 기록하고 있다. 2절을 보면 여리고에서 온 사람들도 참여했고, 8절에서는 금장색(대장장이)과 향품 장사도 이 거룩한 일에 참여한 것을 볼 수 있다. 그밖에도 귀족 가문의 출신들과 지도자들도 참여했고, 장사하는 상인들이나 문지기들도 참여했다. 예루살렘 성벽을 재건하는 거룩한 일은 느헤미야 혼자서 하는 일이 아니었다. 제사장과 정치인들 그리고 상인들과 같은 15개 이상의 다양한 직업과 다양한 대표성을 가진 75명의 사람이 함께 참여했다.

이처럼 하나님의 일은 함께할 때 이루어진다. 하나님의 일은 나 홀로 하는 것이 아니다. 모든 성도가 받은 은사를 따라 함께 수고할 때 이루어진다. 물론 세상의 어떤 일들은 나 홀로 해야 하는 일도 있다. 그러나 공동체의 일은, 특히 하나님이 공동체에 주시는 거룩한 비전은 나 홀로 할 수 없다. 모든 성도가 동일한 비전을 품고 한마음이 되어 함께 수고할 때 그 거룩한 비전이 이루어지는 것이다.

예루살렘 성벽을 재건하는 사람들의 이름과 직업이 성경에 자세하게 기록된 것은 그만큼 하나님께서 선민 공동체의 회복을 위해 헌신한 자들을 존귀하게 여기신다는 뜻이다. 하나님의 사람은 세상을 살아가면서 헛된 일에 시간과 물질을 쏟는 것이 아니라 하나님께서 귀하게 여기시는 거룩한 일에 헌신해야 한다. 그런데 안타깝게도 이 거룩한 일에 함께 참여하지 않았던 사람들이 있었다. 드고아 지방에 거주하는 귀족들이다.

> 그 다음은 드고아 사람들이 중수하였으나 그 귀족들은
> 그들의 주인들의 공사를 분담하지 아니하였으며 _느 3:5

예루살렘의 성벽을 재건하는 일에 모든 사람이 함께 참여하여 수고할 때 드고아에 거주하던 귀족들은 참여하지 않았다. 많은 학자가 성전 건축을 방해하던 산발랏과 도비야의 영향력이 그들에게 미쳤기 때문이라고 말한다. 성경을 보면 하나님의 일에는 언제나 방해꾼이 있다는 것을 알게 된다.

교회에 주신 비전을 이루어 가는 일을 막고 방해하려는 세력들이다.

드고아의 귀족들은 산발랏과 도비아의 영향을 받아 예루살렘의 성벽을 재건하는 영광스럽고 거룩한 일에 낙오자가 되었다. 무너진 예루살렘의 성벽을 재건하는 일은 참으로 위대하고 영광스러운 일이다. 그들은 이 좋은 기회를 놓치고, 하나님의 거룩한 사역에 동참하지 못하는 안타까운 실수를 범한 것이다.

양의 문을 건축하다

예루살렘의 성벽을 재건할 때 가장 먼저 한 일은 양문을 건축하는 것이었다.

> 그 때에 대제사장 엘리아십이 그의 형제 제사장들과 함께 일어나 양문을 건축하여 _느 3:1a

대제사장과 일반 제사장들이 함께 일어나 양문을 건축했다. 예루살렘 성읍은 맨 위쪽에서 아래쪽까지 약 4km정도 되는데 이 안에 동문, 수문, 골짜기 문 등 무려 10개의 문이

나온다. 그중 양의 문은 예루살렘의 동북쪽에 위치하는 문으로서 감람산에서 바로 보이는 문이다. 동시에 성전에서 가장 가까운 문이다. 성전에서 제물로 바쳐지는 모든 짐승이 이 문을 통과해야만 하였기에 "양의 문"이라고 한다. 영어 성경에는 'Sheep Gate'로 기록하고 있다. 그렇다면 느헤미야는 왜 예루살렘의 성벽을 건축할 때 성전 제사와 직결되는 양의 문을 가장 먼저 건축했을까?

예배가 회복의 시작이기 때문이다. 느헤미야는 제사의 회복이 가장 우선임을 알았다. 느헤미야는 자기 민족이 왜 이렇게 되었는지 알고 있었다. 하나님 임재의 상징이었던 성전이 불타고, 예루살렘의 성벽이 무너진 이유를 알고 있었다. 자신들이 왜 바벨론에게 멸망을 당해 포로로 끌려오게 되었는지, 택한 백성이 할례 받지 않는 이방인들에게 이런 수모를 당해야 했는지 그 이유를 알고 있었다. 자신의 조상들이 하나님께 제사 드리는 것을 잃어버렸기 때문이다. 살아 계신 하나님께 제사 드리지 않고, 하나님이 가증하게 여기시는 우상을 숭배하였기 때문이다.

당신의 인생도 마찬가지다. 예배가 무너지면 모든 것이 무너진다. 예배가 무너지면 하나님과도 멀어진다. 예배가 무너지면 예루살렘 성벽이 무너지듯 당신의 가정도, 일을 이루어가는 과정도 무너진다. 사실 한국교회가 이렇게 무너진 가장 큰 이유도 다름 아닌 예배가 무너졌기 때문이다. 예배의 숫자가 문제가 아니라 성령과 진리로 드리는 예배, 하나님이 찾으시는 예배를 잃어버렸기 때문이다.

내가 어디에서 무너졌는지 잘 생각해 보라. 사람의 눈으로 보면 남편 때문이고, 자식 때문이고, 물질 때문인 것처럼 보인다. 그러나 하나님과의 관계에서 보면 예배가 무너졌기 때문임을 선명하게 알 수 있다. 무너짐의 자리에서 다시 회복하려면 먼저 하나님과의 관계를 회복해야 한다. 하나님과의 관계를 회복하려면 바로 예배를 회복해야 한다. 예배의 회복 없이 진정한 회복은 없다.

느헤미야는 이 사실을 알고 있었다. 민족이 다시 회복되고 예루살렘이 다시 회복되려면 성전의 제사가 다시 회복되어야 함을 알고 있었다. 그렇기 때문에 그는 가장 먼저 양의 문을 건축했다. 그렇게 52일 만에 기적적으로 예루살렘의 성벽을 재건한 느헤미야는 가장 먼저 예배하는 자들을 세웠다.

성벽이 건축되매 문짝을 달고
문지기와 노래하는 자들과 레위 사람들을 세운 후에 _느 7:1

문짝을 달고 문지기를 세웠다. 문지기는 제사 드리는 성전을 파수하는 역할을 감당한다. 노래하는 자들을 세웠다. 노래하는 사람들은 성가대를 말한다. 그리고 레위 사람들을 세웠다. 레위 사람들은 제사를 집례하는 이들이다. 이렇게 느헤미야가 가장 먼저 세운 사람들은 예배하는 자들이었다.

느헤미야는 이처럼 예루살렘의 성벽을 재건하는 일보다 예배가 먼저 회복되어야 한다는 사실을 알고 있었다. 그래서 예배드리는 일에 목숨을 걸었다. 예배드리는 일을 삶의 최우선 순위로 삼았다. 모든 회복이 예배로부터 시작된다는 것을 확실히 알고 있었기 때문이다. 이것이 주님이 원하시는 회복의 순서다.

예배가 살면 모든 것이 살아난다. 모든 회복은 예배로부터 시작된다. 교회의 부흥도, 가정의 회복도, 관계의 회복도 예배의 회복으로부터 시작된다. 인생의 모든 해답이 주님의 손에 있고, 예배는 살아 계신 하나님을 만나는 영적 행위이기 때문이다.

예배가 먼저다

하나님의 사람들은 예배를 인생의 최우선 순위에 두고 살았다. 아브라함은 약속의 말씀을 붙들고 가나안 땅에 들어왔다. 하란에서 세겜까지는 약 700km나 되는 먼 거리다. 아브라함은 가나안 땅에 들어와 가장 먼저 여호와를 위하여 단을 쌓았다.

> 여호와께서 아브람에게 나타나 이르시되
> 내가 이 땅을 네 자손에게 주리라 하신지라
> 자기에게 나타나신 여호와께 그가 그곳에서 제단을 쌓고
> _창 12:7

가나안 땅에 들어간 아브라함은 아직 모든 것이 낯설고 두려웠을 것이다. 그러한 상황에서 그는 세겜 땅 모레 상수리 나무 아래에 여호와를 위해 단을 쌓았다. 단을 쌓았다는 말은 예배를 드렸다는 것이다. 그에게는 장막을 치거나 농사를 짓는 일이 먼저가 아니었다. 가장 먼저 예배를 드렸다. 아브라함은 장막을 옮기고 난 이후에도 가장 먼저 여호와를 위하여 단을 쌓았다.

> 거기서 벧엘 동쪽 산으로 옮겨 장막을 치니 서쪽은 벧엘이요
> 동쪽은 아이라 그가 그 곳에서 여호와께 제단을 쌓고
> 여호와의 이름을 부르더니 _창 12:8

기근 때문에 애굽으로 들어갔다가 다시 돌아왔을 때도 아

브라함은 처음으로 제단을 쌓은 그곳에서 여호와의 이름을 불렀다.

거기서 여호와의 이름을 불렀더라 _창 13:4b

조카 롯과 헤어진 후 헤브론으로 옮겼을 때도 아브라함은 제일 먼저 여호와를 위하여 단을 쌓았다.

이에 아브람이 장막을 옮겨 헤브론에 있는
마므레 상수리 수풀에 이르러 거주하며
거기서 여호와를 위하여 제단을 쌓았더라 _창 13:18

아브라함은 예배의 사람이었다. 그는 가는 곳마다 제단을 먼저 쌓았다. 그래서 그가 지나간 곳에는 항상 제단이 남아 있었다. 당신에게도 삶의 모든 시작이 예배가 되어야 한다. 다윗 역시 예배의 사람이다. 왕이 되었을 때 그가 가장 먼저 하고자 했던 일은 하나님의 임재를 상징하는 언약궤를 예루살렘에 안치하는 일이었다. 마침내 언약궤를 예루살렘에 안치하였을 때, 언약궤가 있는 장막에 노래하는 자들을 세우고 모든 악기를 동원해 하나님께 예배드렸다.

그런데 승승장구하며 이스라엘 최고의 자리에 올랐을 때

문제가 발생했다. 그가 예배를 소홀히 하게 된 것이다. 그는 유혹에 넘어져 간음죄와 살인죄를 저질렀다. 아들들이 서로를 죽이는 동족상잔의 비극이 일어났다. 쿠데타를 일으킨 아들에게 왕위를 빼앗기고, 맨발로 울면서 도망치는 신세가 되었다. 그렇게 아들 압살롬의 반란으로 인해 피난 생활을 하던 다윗은 하나님께 오직 한 가지를 구하였다.

> 내가 여호와께 바라는 한 가지 일 그것을 구하리니 곧 내가 내 평생에 여호와의 집에 살면서 여호와의 아름다움을 바라보며 그의 성전에서 사모하는 그것이라 _시 27:4

그 한 가지는 바로 자기가 살아 있는 동안 여호와의 집, 곧 성전에서 여호와의 아름다움을 바라보는 것이다. 이것이 예배다. 지금 다윗에게 필요한 것은 백성의 마음을 자신에게로 돌아오게 하거나 쿠데타 세력을 정복하고 왕권을 회복하는 것이다. 그러나 다윗은 그것을 위해 기도하지 않았다. 다윗은 오직 한 가지, 하나님의 전에서 예배드릴 수 있기를 기도했다. 예배가 회복되면 모든 것이 회복될 수 있음을 믿었기 때문이다. 예배가 회복되면 떠났던 백성의 마음도 다시 돌아오고, 잃어버린 왕권도 다시 회복될 수 있음을 믿었다.

함께 드리는 예배

당신은 연약하다. 하와는 죄가 무엇인지 모르는 상황 속에서 유혹에 넘어졌지만 당신 안에는 날마다 죄성이 꿈틀거리고 있다. 보이는 것, 들려오는 소리마다 유혹으로 가득한 세상에서 살고 있다. 당신이 사는 이 세상은 온갖 유혹으로 가득 차 있다. 이처럼 유혹 많은 세상에서 승리하는 삶을 살 방법이 있을까?

물론이다. 그리스도 안에서 한 지체가 된 사람들이 함께하면 된다. 모두가 연약하기에 서로를 위해 기도하고 격려하며 살아야 한다. 신앙생활에는 독불장군이 없다. 누군가의 도움이 필요하다. 홀로 있는 신앙은 바르게 성장하기 어렵고 위험하다. 함께 드리는 예배, 함께하는 신앙이 그래서 중요하다.

나는 교회에 새 가족이 등록하면 가장 먼저 '나 홀로 신앙생활을 하려고 하지 말고, 공동체 안에서 더불어 신앙생활을 하라'고 권면한다. 나 홀로 신앙생활을 하면 편할 수는 있지만 절대로 믿음이 성장하지 않는다. 사람과의 부딪힘이 있어도 공동체 안에서 함께 기쁨과 슬픔을 나누고, 기도 제목을 나누면서 서로를 위해 기도할 때 내 믿음도 돈독해지고, 사탄의 공격도 이겨 내며, 신앙도 아름답게 성장하는 것이다. 그러므로 당신은 공동체와 늘 함께해야 한다. 하나님은 성도가 서로를 위하여 기도해 주며 서로 사랑하고 격려하면서 살기를 원하신다. 우리가 사도신경으로 신앙을 고백할 때마다 '성도가 서로 교통하는 것을 믿는다'고 하지 않는가?

분명히 우리 공동체 안에는 하와처럼 연약한 자들이 있다. 하나님을 인격적으로 만나지 못하고, 아직도 세상과 단짝이 되어 세상 재미로 사는 이들이 있다. 단단한 말씀은 먹지 못하는 연약한 지체들이 있다. 그런 연약한 자들을 위해 시간을 내어 주며 함께 예배의 자리로 나아가야 한다. 기도하며, 사랑하고, 위로하고, 격려하며 함께해 주어야 한다. '내가 돌봐 주지 않아도, 내가 함께하지 않아도, 어떻게든 믿음이 자라겠지'라고 생각하면 안 된다. 반드시 누군가의 도움이 필요하다. 성도는 예배의 자리를 함께하며, 서로를 도우며 살도록 되어 있다.

진정 세상의 유혹을 이기고, 주님을 닮아 가는 삶을 살기를 원한다면, 믿음이 성장하기를 원한다면, 함께하라! 함께 예배드리고, 함께 하나님 나라와 의를 구하며 살라. 부부간에 서로 손을 맞잡고 기도하며, 성도의 교제에 힘쓰라. 시간의 희생이 따르더라도 순모임과 목장 모임 등 소그룹 모임에 꼭 참석하라. 무엇보다 예배에 우선순위를 드리고, 서로 한마음이 되어 기도할 때 마귀의 유혹을 이겨 내며 승리하게 될 것이다.

17세기 청교도들이 메이플라워호를 타고 미국에 도착했을 때 그들은 제일 먼저 예배당을 건축했다. 다음으로 학교를, 그리고 마지막으로 자신들의 집을 지었다. 예배가 가장 우선이고, 가장 귀하기 때문이다. 이처럼 예배에 성공하면 인생도 성공하게 된다. 스티븐 코비가 쓴《성공하는 사람들의 7가지 습관》이라는 책이 있다. 그중 세 번째 습관이 "급한 것보다 소중한 것을 먼저 하라"이다. 예배는 구원받은 하나님의 사람들에게 무엇과도 바꿀 수 없는 가장 소중한 것이다. 바로 그 예배를 드리는 일을 우선순위로 세워야 한다.

어느 교회에 암으로 투병 중인 성도가 있었다. 그녀는 암 진단을 받았을 때 자신이 걸을 수 있는 한 계속 교회에 나올 것이라고 말했다. 그녀는 자신의 말을 지켰다. 죽음이 임박한 어느 주일, 여위고 허약해진 몸으로 그녀는 천천히 예배당으로 걸어 들어왔다. 머리카락이 거의 다 빠진 상태였고, 얼굴은 백지장처럼 창백했다. 남편이 산소마스크를 비롯한 응급 도구를 들고 그녀 옆에서 함께 걷고 있었다. 그녀는 남편과 함께 자리에 앉았고, 곧 예배가 시작되었다. "손을 높이 들고 주를 찬양"이라는 찬양을 부르는 동안, 그녀는 뼈만 앙상하게 남은 양팔을 위로 들어 올렸고, 목사님과 교인들은 그 모습을 보면서 눈물을 흘렸다. 그녀는 힘없이 떨리는 팔을 계속 들고 있었고, 눈을 감은 채 미소를 머금고 찬양을 불렀다. 그것이 그녀의 마지막 예배였다. 그녀의 예배를 지켜본 성도들은 성도의 삶에서 예배가 얼마나 중요한지, 예배드리며 마지막 숨을 거두는 것이 얼마나 아름다운지, 그리고 자신들에게도 그 예배가 마지막 예배가 될 수 있다는 것을 깨달았다.

당신의 인생 가운데 예루살렘의 성벽처럼 무너져 내린 것이 있는가? 그렇다면 예배를 회복하라! 예배의 구경꾼이 되지 말고, 성령과 진리로 예배드리라. 하나님은 오늘도 예배하는 자들을 찾으시고, 만나 주신다. 인생의 회복은 예배의 회복으로부터 시작된다. 오늘 예배의 자리로 나아가라.

6장

/

하나님의 형상을
회복하라

(창 1:26-28, 2:7)

하나님은 창조의 마지막 날에 당신의 형상을 따라 우리 인간을 지으셨다.

> 우리의 형상을 따라 우리의 모양대로 우리가 사람을 만들고
> _창 1:26a

인간의 존재를 이해하려면 하나님의 형상을 알아야 한다. 역으로 하나님의 형상을 이해하지 못하면 인간을 이해할 수 없다. 또한 인간이 얼마나 존귀한지를 알 수 없다. 인간은 하나님의 형상을 따라 지음 받았다. 따라서 피조물로서 이 세상을 살아가는 우리는 반드시 하나님의 형상을 알아야 한다.

하나님은 말씀으로 세상을 창조하셨다. 그런데 다른 피조물들과는 달리 인간은 하나님 당신의 형상을 따라 지으셨다. 진화론자들은 물질이 영원 전부터 존재했고, 단세포 유기물에서 바이러스, 박테리아, 식물, 동물 등의 순으로 점점 진화하여 인간이 되었다고 말한다. 하지만 하나님은 '우리가 우리의 형상을 따라 우리의 모양대로 우리가 사람을 만들었다'고 분명하게 말씀하신다. 여기서 '우리'는 성부와 성자, 성령 하나님을 말한다. 삼위일체이신 성부와 성자와 성령 하나님이 당신의 형상을 따라 인간을 지으셨다.

하나님의 형상과 모양에 대한 논쟁은 오랜 세월 동안 계속

되었고, 지금도 계속되고 있다. 어떤 이들은 하나님의 형상과 모양을 구분하여 하나님의 형상은 영(靈)이고, 모양은 혼(魂)이라고 말한다. 혹은 하나님의 형상은 하나님의 성품이고, 모양은 하나님의 모습이라고 주장하는 이들도 있다. 하나님도 우리 인간의 모습처럼 생겼다고 말하는 것이다. 그러나 개신교는 하나님의 형상과 모양을 구별하지 않는다. 성경은 모양과 형상을 동의어로 사용하고 있다.

> 아담은 백삼십 세에 자기의 모양 곧 자기의 형상과 같은 아들을 낳아 이름을 셋이라 하였고 _창 5:3

아담이 백삼십 세에 자기의 모양, 곧 자기의 형상과 같은 아들을 낳았다고 말하면서 모양과 형상을 같은 의미로 사용하고 있다. 하나님이 자기 형상을 따라 자기의 모양대로 인간을 지으셨다고 한 것도 같은 의미의 단어를 반복해서 사용하여 그 의미를 강조한 것이다. 또한 하나님의 형상대로 지음 받았다는 것은 살아 있는 영을 갖게 되었다는 뜻이다.

> 여호와 하나님이 땅의 흙으로 사람을 지으시고 생기를 그 코에 불어넣으시니 사람이 생령이 되니라 _창 2:7

하나님은 인간을 만드실 때 흙으로 지으셨다. 마치 토기장이가 흙을 빚어 그릇을 만들 듯이 흙으로 사람을 만드셨다. 그러므로 육체의 원재료는 흙이다. 하나님은 아담이 범죄하였을 때 "너는 흙이니 흙으로 돌아갈 것이니라"(창 3:19b)라고 말씀하셨다. 하나님은 흙으로 지은 인간의 몸에 생기를 불어넣으셨다. 좀 더 구체적으로 코에 생기를 불어넣으셨다. '생기'는 히브리어로 '숨', '호흡', '기운'을 뜻한다. 생명의 근원 되시는 하나님께서 인간에게 생명의 기운을 불어넣으신 것이다. 그러자 '생령', 즉 '살아 있는 영(Living Soul)'이 되었다. 하나님은 생기를 불어넣어 생명만을 창조하신 것이 아니라 살아 있는 영이 되게 하셨다. 다시 말해 인간의 몸 안에 영혼을 창조하신 것이다. 하나님은 육체만이 아니라 살아 있는 생령으로 우리 인간을 지으셨다. 그뿐만 아니라 영혼도 창조하셨다. 그래서 "모든 영혼이 다 내게 속한지라"(겔 18:4)라고 말씀하셨다.

왜 생령으로 지으셨는가?

하나님이 인간을 생령으로 지으신 이유가 무엇인가? 당신이 창조주 하나님과 교제하며 살게 하려는 것이다. 하나님은 영이시므로 살아 있는 영을 가진 자만이 하나님과 교제할 수 있다. 집에서 기르는 강아지나 고양이는 영이 없다. 그러므로 하나님과 인격적인 교제를 나눌 수 없다. 영이 없기 때문에 죽으면 끝이다.

그러나 인간은 살아 있는 영을 가진 존재로 지음을 받았다. 살아 있는 영을 가졌기에 하나님의 음성을 들을 수 있고, 하나님의 마음을 느낄 수 있으며, 하나님과 친밀한 사랑을 나눌 수 있다. 이렇듯 하나님이 당신에게 생기를 넣어 생령이 되게 하신 이유는 명확하다. 영이신 하나님을 예배하고, 하나님의 마음을 알고, 하나님의 음성을 들으며, 하나님과 친밀한 사랑을 나누며 살아가라는 의미다. 하나님의 형상을 따라 지으셨다는 것은 하나님의 성품을 당신 안에 갖게 하셨음을 말한다. 하나님께서 아담의 코에 생기를 불어넣으실 때 하나님의 생명만이 아니라 하나님의 인격과 성품도 함께 불어넣으셨다. 하지만 모든 하나님의 속성이 인간에게 다 주어진 것은 아니다.

하나님의 성품 중에는 하나님만이 가질 수 있는 속성이 있고, 인간이 함께 가질 수 있는 속성이 있다. 예를 들어 '자존성, 전지전능성, 영원불변성, 무소부재성'이라는 네 가지 속성은 하나님만이 가질 수 있다. 이것을 신학적 용어로 '비공유적 속성'이라고 한다. 하나님은 이 네 가지 속성을 제외한 다른 속성들을 인간에게 나눠주셨다. 그것을 '공유적 속성'이라 부르고 하나님의 형상이라고 말하는 것이다. 사도 바울은 하나님의 형상을 "의와 진리의 거룩함"이라는 성품으로 말했다.

하나님을 따라 의와 진리의 거룩함으로 지으심을 받은

새 사람을 입으라 _엡 4:24

의와 진리의 거룩함은 하나님의 대표적인 성품이다. 이외에도 하나님은 인간들의 마음속에 사랑과 긍휼과 선(善) 그리고 오래 참음과 같은 하나님의 성품을 불어넣으셨다. 그래서 죄를 짓게 되면 심장이 더 빨리 뛰고 양심의 가책도 느끼게 된다. 강아지나 고양이는 하나님의 형상대로 지음 받지 않았다. 그러니 당연히 의와 진리의 거룩함과 같은 하나님의 성품이 없다. 우스갯소리지만 집에서 기르는 강아지가 소파를 물어뜯고, 고양이가 침대에 오줌을 쌌다고 해서 양심의 가책을 받아 괴로워한다는 소식을 들어 본 적이 있는가? 그런 일은 없다. 그러나 사람에게는 의롭고, 진리를 따르며, 사랑하고, 선하게 그리고 거룩하게 살기 원하는 하나님의 성품이 있다. 하나님께서 자신의 성품을 불어넣으셨기 때문이다.

잃어버린 하나님의 형상

문제는 인간이 하나님의 형상을 잃어버렸다는 것이다. 인간은 범죄하여 타락함으로 하나님의 형상을 잃어버렸다.

선악을 알게 하는 나무의 열매는 먹지 말라 네가 먹는 날에는 반드시 죽으리라 _창 2:17

하나님은 인류의 시조인 첫 사람 아담에게 '모든 열매를 다 먹을 수 있지만 선악을 알게 하는 나무의 실과를 먹지 말라'고 말씀하셨다. 만일 선악과를 먹게 되면 "반드시 죽으리라"라고도 말씀하셨다.

그러나 언약의 당사자인 아담은 눈이 밝아져 하나님과 같이 될 수 있다는 사탄의 유혹을 받아 선악과를 따먹고 말았다. 그 결과 아담과 하와는 죽음을 경험해야만 했다. 가장 먼저 영이 죽었다. 생령, 즉 살아 있는 영이 죽었다. 이는 영이신 하나님과의 영적 단절을 말한다. 영적 단절은 영의 기능이 마비되었다는 것이다. 영의 기능은 하나님을 알고, 하나님의 음성을 듣고, 하나님의 사랑을 느끼고, 하나님과 교제하는 것이다. 하지만 영이 죽고 나니 하나님을 알지 못하게 되었다. 하나님의 음성을 듣지 못하고, 하나님의 사랑을 경험하지 못한다. 그래서 하나님이 창조하신 세상 속에 살면서도 하나님을 보지 못한다. 신비한 우주의 질서나 아름다운 자연들을 보면서도 하나님을 깨닫지 못하게 되는 것이다.

하나님의 형상을 잃어버린 인간은 의와 진리의 거룩함, 사랑과 선이라는 하나님의 성품도 잃어버렸다. 그리하여 탐욕의 지배를 받으며 살아간다. 육신의 정욕, 안목의 정욕, 이생의 자랑을 따라 살게 된 것이다. 하나님은 당신의 형상을 따라 인간을 지으시고 가장 먼저 복을 주셨다.

> 하나님이 그들에게 복을 주시며 하나님이 그들에게 이르시되
> 생육하고 번성하여 땅에 충만하라, 땅을 정복하라,
> 바다의 물고기와 하늘의 새와 땅에 움직이는
> 모든 생물을 다스리라 _창 1:28

하나님은 "생육하고 번성하여 땅에 충만하라", "땅을 정복하고 모든 생물을 다스리라"라고 말씀하셨다. 타락하기 전까지 아담과 하와는 에덴동산에서 정복하는 자, 다스리는 자로 살았다. 아담은 하나님의 대리 통치자로서 짐승들에게 이름을 지어 주었고, 모든 피조물은 영화와 존귀의 관을 쓴 아담의 명령에 절대적으로 순종했다. 하지만 범죄하여 타락한 후, 그는 정복하고 다스리는 권세를 잃어버렸다. 하나님의

형상을 잃어버렸기 때문이다.

하나님의 형상을 잃어버린 타락한 영혼은 어떻게 되는가? 탐욕의 지배를 받으며 살아간다. 주님의 권능으로 살아야 할 인생이 돈에 권능이 있는 것처럼 속아 미혹된다. 온전히 하나님께만 예배드려야 할 인생이 생명도 없는 더러운 우상을 숭배하며 살아간다. 돼지머리를 앞에 놓고 고사를 지내고, 팔공산 갓바위 같은 우상 앞에 엎드려 절을 하며 소원을 빈다. 하나님이 아닌 다른 것을 섬기는 일에 몰두하는 것이다. 그 끝은 결국 파멸뿐이다.

하나님의 형상을 회복하라

죄로 말미암아 죽은 당신의 영혼이 다시 하나님의 생명으로 살아나야 한다. 예수를 믿고 영접하여 예수의 생명으로 다시 태어나야 한다. 예수님은 생명이시다. 예수님 안에 있는 생명은 죄와 무관한 죽음을 이긴 부활의 생명이다. 그러므로 길이요, 진리요, 생명이신 예수님을 영접하면 예수님의 생명으로 다시 태어나게 된다. 당신 안에 생령, 살아 있는 영을 갖게 된다.

죽었던 영혼이 살아나면 다시 하나님과의 교제가 이루어

진다. 아담과 하와가 에덴동산에서 쫓겨나기 전 하나님의 음성을 들으며 하나님과 친밀한 사귐 속에 살았던 것처럼 당신도 하나님의 음성을 듣고 그분과 친밀한 사귐 가운데 살아갈 수 있게 된다.

하나님의 형상을 회복하는 것은 타락으로 잃어버린 하나님의 성품을 회복하는 것이다. 하나님의 형상이신 예수님을 닮아 가는 것이다. 성경은 예수 그리스도가 하나님의 형상임을 증거한다.

그는 보이지 아니하는 하나님의 형상이시요 _골 1:15a

그리스도는 하나님의 형상이니라 _고후 4:4b

사도 바울은 하나님께서 "그 아들의 형상을 본받게 하기 위하여"(롬 8:29) 당신을 부르시고, 의롭다 하시고, 영화롭게 하셨다고 말한다. 하나님의 형상으로 오신 예수 그리스도를 본받게 하기 위해 하나님이 당신을 구원하셨다.

성도는 죄를 미워하고, 죄와 투쟁해야 한다. 삶의 작은 것에서부터 사랑의 실천을 통해 주님의 의로우심과 사랑을 닮아 가야 한다. 예수님은 "수고하고 무거운 짐 진 자들아 다 내게로 오라 내가 너희를 쉬게 하리라"(마 11:28)라고 말씀하시면서 곧이어 "나는 마음이 온유하고 겸손하니 나의 멍에를 메고 내게 배우라"(마 11:29)라고 말씀하셨다. 주님의 온유와 겸손을 배워 나가야 한다. 당신은 매사에 "주님이라면 어떻게 하셨을까?"라는 질문을 던지며 주님을 닮은 작은 예수로 살아야 한다. 이렇게 하나님의 형상을 회복해야 한다.

하나님은 하나님의 대리 통치자로서 정복하고 다스리는 자로 살아가도록 당신을 지으셨다.

> 땅을 정복하라, 바다의 물고기와 하늘의 새와 땅에 움직이는 모든 생물을 다스리라 _창 1:28b

예수를 믿음으로 하나님의 자녀가 되었다면 당신은 이제 땅을 정복하고 모든 피조 세계를 다스리는 자로 살아야 한다. 땅을 정복하라는 것은 무자비하게 착취하고, 파괴하고, 빼앗으라는 말이 아니다. '땅 끝까지 복음을 증거하여 하나님의 나라가 온 땅에 확장되게 하라'는 것이다. 십자가의 사랑으로 미움을 정복하고, 빛으로 어둠의 권세를 이겨 내라는 것이다. 빛의 복음, 생명의 복음을 전하여 죄와 죽음의 법에 매여 있는 자들을 자유케 하고 그 땅의 사람들이 하나님의 통치를 받으며 참된 자유와 행복을 누리며 살게 하라는 것이다.

미움을 미움으로, 분을 분으로 갚는 것은 하나님의 형상을 회복하는 것이 아니다. 하나님의 형상을 회복하는 것은 복수하는 것이 아니다. 사랑과 섬김으로 생명의 복음, 빛의 복음을 전하여 그 땅 가운데 하나님의 나라가 확장되게 하는 것이다. 그래서 그 땅이 주의 것 되게 하는 것이다.

하나님의 형상을 회복하는 것은 다스리는 자로 살아가는 것이다. 당신이 예수를 믿고 거듭나는 순간 당신은 하나님의 자녀 된 신분을 갖게 되었다. 영적으로 예수님의 보좌에 함께 앉게 된 것이다.

또 함께 일으키사 그리스도 예수 안에서 함께 하늘에 앉히시니

_엡 2:6

당신은 그리스도와 함께 죽고, 그리스도와 함께 살리심을 입어 그리스도와 함께 하늘에 앉아 있는 사람이다. 당신은 다스리는 자로 부르심을 입었고, 그 권세가 주어졌다. 그러므로 당신은 다스리는 자로 살아야 한다. 예수님이 이 땅에 계실 때 어둠의 권세를 다스리고, 질병을 다스리셨던 것처럼 이제 당신도 다스리는 자로 살아야 한다.

죽음도 다스려야 한다. 이는 죽음을 이긴 생명이 내 안에 있기에 죽음 앞에 두려워하지 않는 것이다. 인생의 풍랑도 다스려야 한다. 이 역시 인생의 풍랑 앞에 두려워하지 않는 것이다. 내 인생의 풍랑을 잔잔하게 하시는 주님이 바로 나

와 함께하시기 때문이다. 모든 피조세계를 다스리며 이 땅의 우상들을 섬기지 않아야 한다. 아무리 내 인생의 미래가 보이지 않아 답답해도 다른 신에 기대거나 점집을 찾지 않고, 부적을 붙이지 않아야 한다. 우상 앞에 절하지 않고, 돼지머리 앞에서 고사를 지내지 않아야 한다.

마찬가지로 물질도 다스려야 한다. 물질을 다스리지 못하면 탐욕이 나를 지배하게 된다. 아무리 경제적으로 어려워도 돈이 인생의 주인이 되어서는 안 된다. 돈 때문에 신앙의 양심을 팔아서는 안 된다. 벼랑 끝에 몰린 것처럼 상황이 위태롭고, 환경이 내 발목을 잡을 것처럼 위협해도 하나님께 소망을 두며 내 인생의 주인은 주님이심을 고백하며 당당하게 살아야 한다.

당신은 하나님의 대사다. 왕 같은 제사장이다. 당당하게 살아야 한다. 그러니 내가 맞닥뜨린 모든 영역을 정복하고 다스리는 자로, 작은 예수로 살아가라!

하나님이 이르시되

우리의 형상을 따라 우리의 모양대로

우리가 사람을 만들고

그들로 바다의 물고기와 하늘의 새와 가축과

온 땅과 땅에 기는 모든 것을 다스리게 하자 하시고

하나님이 자기 형상 곧 하나님의 형상대로

사람을 창조하시되 남자와 여자를 창조하시고

하나님이 그들에게 복을 주시며

하나님이 그들에게 이르시되

생육하고 번성하여 땅에 충만하라,

땅을 정복하라, 바다의 물고기와

하늘의 새와 땅에 움직이는

모든 생물을 다스리라 하시니라

/ 창 1:26-28 /

2부

자유와

기쁨의
하루를 위하여

7장

/

하나님의
음성을 들으라

(창 3:6; 고후 10:5)

사도 바울은 당신의 삶이 영적인 전쟁임을 선포했다.

"마귀의 계책을 알라. 마귀의 간계를 알라." 간계는 영어로 'scheme' 또는 'schemes'로도 쓰이는데, 복수로도 쓰이는 것은 아마도 사탄의 전략이 하나가 아닐 수 있음을 시사하는 것이 아닐까.

사탄은 우리를 공격하거나 유혹할 때 충동적으로나 즉흥적으로 하지 않는다. 보이지 않는 영적 존재인 사탄이 하나님이 지으신 뱀을 이용해 하와를 유혹하고 넘어뜨린 것을 보라. 사탄은 언제나 인간이 스스로는 맞설 수 없는 치밀한 전략을 가지고 접근한다.

> 여자가 그 나무를 본즉 먹음직도 하고 보암직도 하고
> 지혜롭게 할 만큼 탐스럽기도 한 나무인지라 _창 3:6a

알다시피 '여자'는 하와를, '나무'는 선악을 알게 하는 나무를 가리킨다. 하와가 선악을 알게 하는 나무를 보았는데 이전과는 다르게 먹음직도 하고 보암직도 하고 지혜롭게 할 만큼 탐스럽게 보였다는 것이다. 선악을 알게 하는 나무는 에덴동산 중앙에 있었다. 이는 아담과 하와가 매일 볼 수 있는 곳에 있었음을 말한다. 어느 날, 갑자기 그 열매가 다르게 보이기 시작했다. 사탄이 뱀을 통해 유혹하는 소리를 들었기

때문이다.

들음이 중요하다

듣는 것이 얼마나 중요한가? 하와는 가장 간교한 뱀을 통해 하나님의 말씀을 의심하게 하는 말을 들었다. 하나님은 분명히 "선악을 알게 하는 나무의 열매는 먹지 말라 네가 먹는 날에는 반드시 죽으리라"(창 2:17)라고 말씀하셨다. 그런데 사탄은 뱀을 통해 하와에게 "너희가 결코 죽지 아니하리라"(창 3:4)라고 말했다. 더 나아가 "너희가 그것을 먹는 날에는 너희 눈이 밝아져 하나님과 같이 되어 선악을 알 줄 하나님이 아심이니라"(창 3:5)라고 유혹했다. 하나님의 말씀을 왜곡하여 불신하게 만든 것이다.

하와는 사탄의 말을 듣고, 선악을 알게 하는 나무를 보았다. "여자가 그 나무를 본즉" 뱀의 말을 듣고 난 다음 그 나무를 유심히 본 것이다. 그러자 어떻게 되었는가? 선악을 알게 하는 나무가 "먹음직도 하고 보암직도 하고 지혜롭게 할 만큼 탐스럽게" 보였다. 한 번 듣고 마음을 뺏긴 것이다. 듣는 것이 얼마나 중요한지 알 수 있는 장면이다.

사도 바울 역시 "믿음은 들음에서 나며 들음은 그리스도의 말씀으로 말미암았느니라"(롬 10:17)라고 했다. 우리의 믿음은 그냥 자라는 것이 아니라 하나님의 말씀을 들을 때 자란다. 유대인들은 자녀들을 교육할 때 "이스라엘아 들으라"(신 6:4a)라는 말씀에 기초하여 쉐마교육을 한다. '쉐마'는 '듣다'라는 뜻의 히브리어다. 유대인들은 어릴 때부터 하나님의 말씀을 읽어 주고, 들려 주는 것을 반복한다. 끊임없이 하나님의 말씀을 기억하게 한다. 사람은 들은 만큼 생각하고, 생각한 만큼 행동하게 되어 있기 때문이다.

신앙생활의 기본은 듣는 것이다. 사무엘도 하나님이 "사무엘아 사무엘아"라며 자신을 부르실 때 "말씀하옵소서 주의 종이 듣겠나이다"(삼상 3:10b)라고 대답했다. 하나님은 오늘 당신에게도 말씀하신다. 요한계시록에는 "귀 있는 자는 성령이 교회들에게 하시는 말씀을 들을지어다"(계 2:7, 11, 17, 29, 3:6, 13, 22)라는 말씀이 일곱 번이나 반복해 나온다.

하나님의 사람인 당신은 끊임없이 하나님의 음성을 들어야 한다. 하나님의 말씀을 들으면 믿음이 자라고, 위로를 받는다. 아론은 두 아들의 죽음 앞에서 하나님의 음성을 듣고 위로를 받았다. 또한 하나님의 음성을 들으면 두려움이 사라진다. 사도 바울과 그 일행이 탄 배가 유라굴로라는 광풍을 만났지만 바울은 하나님의 음성을 들었기에 결코 두려워하지 않았다.

안타깝게도 하와는 뱀을 통하여 사탄의 음성을 들었다. 하나님의 말씀을 왜곡하고 의심하게 만드는 음성을 들은 것이다. 인류 역사에서 가장 비극적이고 안타까운 사건은 사탄의 음성을 들음으로 일어났다.

듣는 것은 중요하다. 인생을 살아가면서 누군가로부터, 무엇을 듣느냐는 정말 중요하다. 절망의 현장에서 희망의 음성을 듣고 기적 같은 삶을 살게 된 사람들도 있다. 1880년 미국 보스턴 주립 빈민 보호소에 앤이라는 소녀가 있었다. 소녀는 아버지의 가정폭력과 어머니의 죽음으로 인해 남동생과 함께 빈민 보호소에 오게 되었다. 그런데 불행하게도 남동생마저 세상을 떠나 버리고 말았다. 설상가상 실명까지 된 소녀는 수시로 자살을 시도하고, 괴성을 질러 아무도 돌볼 수 없게 되었다. 결국 앤은 회복 불능 판정을 받고, 정신병동 지하 독방에 수용되었다. 그때 은퇴한 간호사인 로라라는 할머니가 앤을 돌보겠다고 자청했다. 로라 할머니는 빈민 보호소에서 앤을 데리고 나와 시각장애인들을 위한 학교에 입학시키고, 그때부터 그녀의 친구가 되어 주었다. 로라는 날마다 과자를 들고 가서 앤을 위해 책을 읽어 주고 기도해 주었다. 죽기 전 할머니는 앤에게 "기적은 언젠가 널 꼭 찾아올 것이다"라는 말을 남겼다.

'기적이 꼭 올 것'이라는 할머니의 유언을 붙들고 살던 앤은 우연히 강가에서 만난 의사에게 수술을 받고 두 눈이 회복되었다. 도무지 믿을 수 없는 기적 같은 일이었다. 앤은 로라 할머니에게 받은 사랑을 다른 아이들에게 돌려주기 위해 선생님이 되었다. 그 앤 설리번이 만난 첫 학생이 바로 미국 타임지가 선정한 20세기 위대한 100인 중 한 사람으로 소개된 헬렌 켈러다. 로라 할머니가 있었기에 앤 설리번이 있었고, 앤 설리번이 있었기에 헬렌 켈러가 있게 된 것이다. "기적은 언젠가 널 꼭 찾아올 것"이라는 말을 들었기에 앤은 희망을 갖게 되었고, 헬렌 켈러의 선생님이 될 수 있었다.

이와 다르게 잘못된 음성을 듣고 어둠에 빠지게 된 사람들이 있다. 신내림을 거부하면 그 신병이 자식에게까지 대물림된다는 말을 듣고, 신내림을 받아 무속인이 된 연예인들이 있다. 또, 길에서 시비가 붙어 인격을 훼손하는 험담이 오가다 살인으로까지 이어지는 참극도 일어난다. 고수익을 낼 수 있다는 말을 듣고 다단계에 투자해 큰 피해를 입은 사람들도 있다. 탈옥수 신창원 역시 초등학교 5학년 때 선생으로부터 "새끼야, 돈 안 가져왔는데 뭐하러 학교 와. 빨리 꺼져"라는 막말을 듣고, 그때 자신 안에 악마가 태어났음을 느끼고 어둠을 품게 되었다고 한다.

사람은 무슨 말을 어떻게 듣느냐에 따라 영향을 받는다. 그러므로 듣는 것을 조심해야 한다. 자꾸 욕하는 사람을 만나 욕을 자주 들으면, 나도 모르게 욕을 하게 된다. 부정적인 말을 하는 사람과 가까운 교제를 하면 나도 모르게 부정적인 사람이 되어 간다. 하나님의 사람인 우리는 듣는 것을 조심해야 한다.

생각은 행동을 낳는다

들음은 들음으로 끝나는 것이 아니라 당신의 행동에 영향을 미친다. 하와는 유혹하는 사탄의 음성을 들은 후 시선이 바뀌었다. 하와는 눈을 들어 그 나무를 보았다. 뱀의 말을 듣고 시선을 그 나무로 돌렸다는 것은 마음이 이미 그쪽으로 향하고 있음을 말해 준다. 그러자 선악을 알게 하는 그 나무가 먹음직도 하고, 보암직도 하고, 지혜롭게 할 만큼 탐스럽게 보이기 시작했다. 선악과가 갑자기 달라진 것이 아니다. 하와의 생각이 달라진 것이다. 그리고 그만 그 열매를 따먹고 말았다.

> 여자가 그 열매를 따먹고 자기와 함께 있는 남편에게도 주매 그도 먹은지라 _창 3:6b

생각은 반드시 행동으로 옮겨진다. 그래서 생각을 지키는 것이 중요하다. 사도 바울은 "모든 생각을 사로잡아 그리스도에게 복종하게 하니"(고후 10:5b)라고 했다. 당신은 예수를 믿음으로 거듭났지만 당신의 마음과 생각은 변화되지 않았다. 당신의 생각은 부패한 상태 그대로다. 예수를 믿어도 말과 행동은 별로 달라진 것이 없다. 신경질적인 사람은 예수를 믿어도 여전히 신경질적이고, 조급하고 화를 잘 내는 사람은 예수를 믿어도 여전히 조급하고 화를 잘 낸다.

당신의 생각은 언제나 중립적인 위치에 있다. 영의 지배를 받을 수도, 육의 지배를 받을 수도 있다. 육의 지배를 받으면 육의 사람이 되는 것이고, 영의 지배를 받으면 영의 사람이 되는 것이다. 사탄은 끊임없이 당신의 생각 속에 파고들어 역사한다. 가룟 유다가 예수님을 배신하는 장면을 보라. 마귀가 가장 먼저 했던 일은 가룟 유다의 마음에 예수를 팔려는 생각을 넣은 것이다.

> 마귀가 벌써 시몬의 아들 가룟 유다의 마음에
> 예수를 팔려는 생각을 넣었더라 _요 13:2

가룟 유다는 예수님을 팔기 위해 밖으로 나갔다. 생각이 지배를 당하니 그것을 행동으로 옮긴 것이다. 사탄은 사람을 넘어뜨릴 때 생각부터 점령한다. 상황을 긍정적으로도, 신앙적으로도 볼 수 없게 만든다. 지극히 평범한 일들도 심각하고 복잡하게 만든다. 낙심하게 만들고, 밤새도록 고민하게 만든다. 사탄은 오늘도 부정적인 생각, 교만한 생각, 음란한 생각, 게으름과 미움의 생각을 통해 당신을 지배하고자 한다. 그러므로 당신은 당신의 모든 생각을 사로잡아 그리스도에게 복종시켜야 한다.

"사로잡아"라는 말과 "복종"이라는 말은 모두 군사적 용어다. 군인은 복종에 살고, 복종에 죽는다. 잠이 많다고 새벽 2시에 자고, 아침에 일어나기 싫다고 오후 2시에 일어나는 군인은 없다. 복종은 내키지 않더라도 무조건 해야 하는 것이다. 물론 생각이 들어오는 것은 어쩔 수 없다. 나의 의지와 무관하게 부정적인 생각, 음란한 생각, 악함과 게으름의 생각, 미움과 분노의 생각, 하나님의 뜻을 거스르고자 하는 생각이 내 안에 들어올 수 있다. 중요한 것은 그 생각이 나를 지배하지 못하게 하는 것이다. 전쟁터에서 적군을 사로잡듯이 그 생각을 사로잡아 그리스도에게 복종시켜야 한다.

종교개혁자 마르틴 루터는 말했다.

"새가 내 머리 위로 날아다니는 것은 누구도 막을 수 없다. 그러나 그 새가 내 머리 위에 앉아 둥지를 틀도록 해서는 안 된다."

인간은 생각하는 존재다. 당신에게 수많은 생각이 들어올 수 있다. 이를테면 사람은 돈을 좋아하고, 소유하고 싶어 한다. 물론 이는 죄가 아니다. 그러나 그 돈을 소유하기 위해 누군가를 속이고, 누군가에게 손해를 입힐 생각을 한다면 죄가 된다. 남성이 여성을 보고 예쁘다고 생각하는 것은 자연스러운 일이고, 여성 역시 남성을 보고 매력적이라고 생각할 수 있다. 정상적인 성욕은 결코 죄가 아니다. 그러나 예수님께서 말씀하신 것처럼 음욕을 품으면 간음이 되는 것이다. 음욕은 성적인 욕망을 반복적으로 생각하는 것이기 때문에, 음욕을 품고 남을 대하는 사람은 타인과 정상적인 관계를 가질 수 없다.

그러므로 내 생각을 사로잡아 그리스도에게 복종시키는 것이 중요하다. 그 생각이 아름답고 황홀하게 보여 별로 물리치고 싶지 않을 때도 있다. 그러나 군인이 자기 생각과 무관하게 명령에 복종해야 하는 것처럼 그 생각을 예수 이름으로 물리치고, 그 생각을 사로잡아 그리스도에게 복종시켜야 한다.

자유와 기쁨의 하루를 위하여

생각을 사로잡아 복종시킴으로 기적을 경험하다

성경을 보면 생각을 사로잡아 말씀에 복종시킴으로 기적을 경험한 사람들이 있다. 수로보니게 여인에게는 귀신들린 딸이 있었다. 예수님은 여인에게 "자녀의 떡을 취하여 개들에게 던짐이 마땅치 아니하니라"(막 7:27b)라고 말씀하셨다. 정말 모욕적인 말이다. 여인은 예수님으로부터 그 말을 듣는 순간 미움, 분노, 절망 등 많은 생각이 몰려왔을 것이다. 어쩌면 욕하고 그 자리를 박차고 떠나고 싶었을 수도 있다. 하지만 여인은 모든 자존심을 내려놓고 말했다.

> 주여 옳소이다마는 상 아래 개들도 아이들이 먹던 부스러기를
> 먹나이다 _막 7:28

자신의 자존심을 사로잡아 그리스도에게 복종시켰다. 그러자 예수님은 여인의 믿음을 보시고 귀신들린 딸을 자유케 하셨다. 구약의 나아만 장군도 마찬가지다. 아람의 군대장관인 나아만이 한센병을 고치기 위해 이스라엘의 엘리사 선지자를 찾아왔다. 그런데 엘리사는 얼굴도 보여 주지 않고, 종을 보내 말했다.

너는 가서 요단 강에 몸을 일곱 번 씻으라 네 살이 회복되어 깨
끗하리라 _왕하 5:10b

　나아만 장군은 선지자가 나와서 자신을 환대하고, 여호와
의 이름을 부르며 자신의 환부에 손을 대고 기도해 줄 줄 알
았다. 그런데 엘리사는 나와 보지도 않고 종만 내보내 더러
운 요단강에 몸을 일곱 번 씻으라고 말했다. 나아만은 자존
심이 몹시 상했다. "우리나라에는 이보다 더 깨끗한 물이 없
어서 내가 여기 온 줄 아느냐"라며 그냥 돌아가려고 했다. 하
지만 부하들의 말을 듣고 자신의 위신과 체면을 내려놓았다.
그리고 끓어오르는 분노의 생각을 사로잡아 말씀에 복종시
켰다. 부하들이 보는 앞에서 옷을 벗고, 더러운 요단강에 들
어가 자신의 몸을 일곱 번 담갔다. 그랬더니 그의 살이 어린
아이 살처럼 회복되어 깨끗해졌다. 나아만은 장군의 신분임
에도 자신의 생각을 사로잡아 말씀에 복종했기에 기적을 경
험하게 된 것이다.
　반면 생각을 지키지 못해 모든 것을 잃어버린 인물도 있다.
바로 삼손이다. 삼손은 음란한 생각을 물리치지 못해 인생 말
년에 두 눈이 뽑히고, 비참하게 인생의 종지부를 찍고 말았다.
하와 역시 생각을 지키지 못했다. 뱀이 하나님의 말씀을 불신
하게 만들고, "너희가 그것을 먹는 날에는 너희 눈이 밝아져 하

나님과 같이 되어"(창 3:5a)라고 유혹할 때, 사탄이 주는 그 생각을 받아들였다. 그 후 선악과를 보니 먹음직도 하고 보암직도 하고 지혜롭게 할 만큼 탐스럽게 보인 것이다.

만일 그때 아담과 하와가 사탄의 유혹을 받아들이지 않고, "하나님께서 네가 먹는 날에는 반드시 죽으리라고 하셨어. 사탄아 물러가라 너는 나를 넘어지게 할 수 없어"라며 물리쳤다면 어떻게 되었을까? 인류 역사에 이런 비극은 오지 않았을 것이다. 안타깝게도 아담과 하와는 생각을 지키지 못했다. 생각을 사로잡아 말씀에 복종시키지 않았다. 그래서 금단의 열매를 따서 먹었고, 하나님이 주신 모든 것을 잃어버렸다.

기억하라! 생각을 지키는 것이 중요하다. 생각을 지키지 못하면 모든 것을 잃어버리게 된다. 하지만 생각을 지킬 때 비로소 사탄의 견고한 진을 물리치고 기적과 축복을 경험할 수 있다. 신앙생활은 단순하다. 말씀을 마음을 두고, 그 생각을 지키는 자에게는 능치 못할 일이 없다. 하나님께서 함께 하시면 세상이 줄 수 없는 축복과 평안이 임한다. 그러니 생각을 지켜라. 하나님께서 당신을 지킬 것이다.

하나님 아는 것을 대적하여

높아진 것을 다 무너뜨리고

모든 생각을 사로잡아

그리스도에게 복종하게 하니

/ 고후 10:5 /

8장

/

오늘
하나님 앞에 나아오라

(창 3:7-10)

당신은 오늘 하루를 완벽하게 살아 내고 있는가? 생의 길을 걷는 동안 한 치의 부끄러움도 없었는가? 그렇진 않을 것이다. 우리는 너무 유약하고, 죄로 가득한 피조물이다. 그래서 잘못된 선택으로 저질렀던 많은 순간이 짙은 후회로 남아 있다. 그럼에도 스스로를 제어하지 못해 끊임없는 죄의 유혹에 영혼을 맡겨 버린다. 쾌락의 덫에 빠지기를 주저하지 않는다.

만약 율법이 구원의 기준이 되었다면 율법을 완벽하게 지키지 못하는 그리스도인은 천국의 기쁨을 누릴 수 없다. 물론 문제보다 존재를 귀하게 여기는 하나님의 자비와 긍휼, 십자가 사랑으로 인해 우리는 구원의 기쁨을 누리고 있다. 그럼에도 우리는 여전히 잘못할 때가 있다. 아니, 많다. 내 인생의 주인이 여전히 나일 때는 그럴 수밖에 없다.

잘못은 누구도 피해 갈 수 없다. 중요한 것은 그 잘못을 인정하고, 반성하느냐 하는 것이다. 그리스도인이라면 더욱 그렇다. 하나님이 여전히 나의 주인이시고, 나의 구원자이심을 고백하며 계속해서 인생의 초점을 예수 그리스도에게 맞춰야 한다. 말씀과 기도를 통해, 또 예배를 통해 나의 삶이 주님의 마음에 합할 수 있도록 조율해야 한다. 그리고 그때 믿는 자에게 요구되는 것이 바로 회개다.

러시아의 대문호 톨스토이는 이렇게 말했다.

"뉘우치고 회개한다는 말은 모든 사람에게 자신이 악하고 약함을 인정하는 것이다. 또한 자기가 지은 모든 잘못된 행위를 인정하고, 영혼을 깨끗이 하며 신성(神性)을 받아들일 준비를 하는 것이다."

사람은 물론 잘못할 수 있다. 그 잘못을 저지른 다음 하나님의 낯을 피하지 않고, 겸손히 무릎으로 나아가는 것, 그것이 하나님의 사람이 보여야 할 믿음의 자세다.

하나님이 찾아오심

아담과 하와는 사탄의 치밀한 전략에 의해 하나님이 금하신 선악과를 따먹고 말았다. 그들은 선악과를 먹으면 모든 것을 깨달아 알고, 모든 것이 형통할 줄 알았다. 더는 하나님의 통치를 받지 않고, 인간이 주인이 되는 새로운 유토피아가 시작될 줄 알았다.

그런데 결과를 보라. 그들의 눈이 밝아져 자신들이 벗은 줄을 알고 무화과나무 잎을 엮어 치마를 만들어 입었다(창 3:7). 동시에 죄로 인해 찾아온 수치와 부끄러움을 보게 되었다. 수치와 부끄러움은 인간이 범죄한 후 최초로 경험한 감정이다. 그때 아담과 하와는 범죄한 자신들을 찾아오시는 하나님의 소리를 들었다.

> 그들이 그 날 바람이 불 때 동산에 거니시는 여호와 하나님의
> 소리를 듣고 _창 3:8a

"그 날"은 아담과 하와가 선악과를 따먹은 후, 무화과나무 잎으로 치마를 만들어 자신의 수치를 가리고 있던 날이다. 성경은 하나님께서 범죄한 아담과 하와를 찾아오시는 장면을 자세하게 "그 날 바람이 불 때"라고 말씀하고 있다. 한 고대 유대 주석가는 "그 날 바람이 불 때"를 일상의 바람이 아니라 에덴의 장소를 감싸고도는 신비한 하나님의 기운을 역동적으로 표현한 것이라고 했다. 범죄한 아담과 하와를 찾아오시는 하나님의 임재를 그렇게 표현한 것이다.

하나님은 영이시므로 형상이 없다. 하지만 아담과 하와는 범죄한 자신들을 향해 다가오시는 하나님의 임재를 직감할 수 있었다. 아담과 하와는 동산에 거니시는 여호와 하나님의 소리를 들었다.

이 소리가 어떤 소리인지 알 수는 없다. 분명한 것은 하나님께서 범죄한 아담과 하와에게 자신이 오고 있다는 사실을 어떤 소리를 통해서 분명하게 알리셨다는 것이다. 범죄한 아담과 하와 역시 하나님께서 지금 자신들을 향해 오고 계심을

분명히 알고 있었다.

하나님의 낯을 피하여 숨은지라

> 아담과 그의 아내가 여호와 하나님의 낯을 피하여 동산 나무
> 사이에 숨은지라 _창 3:8b

아담과 하와는 하나님의 낯을 피해 동산 나무 사이에 숨었다. 자신들을 찾아오시는 하나님의 소리를 들었기 때문이다. 하나님의 낯은 하나님의 얼굴만을 의미하는 것이 아니다. 하나님의 인격과 존재를 상징한다. 따라서 하나님의 낯을 피하였다는 것은 하나님의 인격, 하나님의 존재를 무시하고, 그 인격적 관계를 끊어 버리는 것을 말한다.

아담과 하와는 선악과를 먹기 전까지 하나님의 임재가 충만한 에덴동산에서 하나님의 음성을 들으며 살았다. 하나님과 인격적인 교제를 누리며 살았다. 그런데 이제는 하나님의 낯을 피해 동산 나무 사이에 숨어서 하나님의 존재를 무시하고, 하나님과의 인격적인 교제를 끊고자 한 것이다.

무엇이 아담과 하와가 하나님의 낯을 피하게 했는가? 바로

죄다. 말씀에 대한 불순종의 죄다. 죄는 우리가 하나님의 얼굴을 피하게 만든다. 하나님과 멀어지게 만든다. 이사야 선지자는 죄에 대해 이렇게 기록했다.

> 오직 너희 죄악이 너희와 너희 하나님 사이를 갈라 놓았고 너희 죄가 그의 얼굴을 가리어서 너희에게서 듣지 않으시게 함이니라 _사 59:2

구약에는 불순종을 통해 하나님의 낯을 피하려 했던 유명한 인물이 등장한다.

> 그러나 요나가 여호와의 얼굴을 피하려고 일어나
> 다시스로 도망하려 하여 욥바로 내려갔더니
> 마침 다시스로 가는 배를 만난지라
> 여호와의 얼굴을 피하여 그들과 함께 다시스로 가려고
> 배삯을 주고 배에 올랐더라 _욘 1:3

요나는 적국인 니느웨로 가서 회개의 복음을 외치라는 하나님의 음성을 들었다. 하지만 원수의 나라인 니느웨 사람들에게 회개의 복음을 외치고 싶지 않았다. 그는 여호와의 얼굴을 피하려고 다시스로 가는 배를 탔다. 요나는 다시스로

자유와 기쁨의 하루를 위하여

도망가면 하나님의 낯을 피할 수 있을 것으로 생각했다. 불순종을 통해 하나님의 낯을 피하려고 한 것이다.

불순종을 통해 하나님의 낯을 피했던 또 한 사람이 있다. 아담의 아들 가인이다. 창세기 4장에서 가인과 그 동생 아벨이 하나님께 제사를 드렸다. 하나님은 동생 아벨의 제사는 받으셨지만, 가인의 제사는 열납하지 않으셨다. 그러자 가인이 동생 아벨을 돌로 쳐 죽였다. 그 후 하나님의 징계로 여호와의 앞을 떠나게 되었다.

> 가인이 여호와 앞을 떠나서 에덴 동쪽 놋 땅에 거주 하더니
> _창 4:16

가인이 여호와 앞을 떠났다는 것은 하나님의 얼굴, 하나님의 낯을 떠났음을 말한다. 동생을 죽인 인류 최초의 살인자 가인은 하나님의 낯을 피해 에덴 동쪽 놋 땅으로 가서 거주했다. 이렇듯 인간은 죄와 불순종으로 인해 끊임없이 하나님의 낯을 피하려고 한다. 하나님 앞에서 숨을 곳을 찾는다. 그러나 피조물인 인간은 온 땅에 충만하신 하나님의 낯을 피해 숨을 수가 없다.

오늘 이 시대를 살아가는 당신도 마찬가지다. 죄를 지은 후 요나 선지자와 가인처럼 하나님의 낯을 피하려고 한다.

아담과 하와처럼 하나님의 낯을 피해 동산 나무 사이에 숨으려고 한다.

네가 어디 있느냐?

하나님은 당신의 낯을 피해 숨어 두려워 떨고 있는 아담을 찾아오셨다.

> 여호와 하나님이 아담을 부르시며 그에게 이르시되
> 네가 어디 있느냐 _창 3:9

본문에 '부르다'는 말은 히브리어로 '카라'인데 이는 '큰 소리로 외치다'라는 뜻이다. 하나님은 아담을 부르실 때 큰 소리로 "아담아"라고 부르셨다. 이후 사랑하는 사람에게 대화하듯 "이르시되 네가 어디 있느냐"라고 물으셨다. '이르다'는 일반적으로 대화할 때 사용하는 말이다. 즉, 하나님은 큰 소리로 아담을 부르신 다음, 사랑의 마음을 담아 어디 있는지를 부드럽게 물어보신 것이다.

그렇다면 하나님께서 "아담아, 네가 어디 있느냐?"라고 말씀하신 이유는 무엇일까? 이는 정말로 아담이 어디 있는지 몰라서가 아니다. 그의 영적 상태에 대한 물음이다. 영혼의 현주소, 삶의 좌표에 대한 질문이다. '네가 왜 그렇게 두려움 가운데 떨고 있는지, 왜 나의 낯을 피해 동산 나무에 숨었는지, 왜 너와 나의 관계가 이렇게 되었는지'를 생각해 보라는 의미다. 이 물음 속에는 아담을 향한 하나님의 아픈 마음이 담겨 있다.

"아담아, 나는 너를 '모든 것을 정복하고 다스리는 자'로 창조했어. 너는 나의 대리자야. 그런데 왜 지금 그렇게 두려워 떨고 있니?"

"아담아, 나는 너를 그렇게 두려움 가운데 떨며 살도록 창조하지 않았어. 나는 너를 그렇게 숨어 지내며 살라고 짓지 않았어."

"아담아, 지금 네가 있는 곳은 네가 있어야 할 자리가 아니야."

지금의 영적 상태를 점검해 보라는 것이다. 왜 그 자리에 있게 되었는지, 왜 그렇게 수치심과 두려움 가운데 있게 됐는지를 생각해 보라는 것이다.

아담과 하와는 하나님과 같이 되려는 교만 때문에 하나님과의 언약을 파기하고, 범죄를 저질렀다. 하지만 하나님께서는 그들을 포기하지 않으셨다. 오히려 그들을 찾아오셨다. 더는 두려움과 수치심의 자리에 머물러 있지 말고, 어둠의 자리에 있지 말고, 나의 낯을 피해 숨지 말고, 내게로 다시 나아오라고 말이다. 죄를 회개하고 본래의 자리로 돌아오라는 것이다.

"나의 형상대로 지음 받은 너는 내 품을 떠나서는 살 수 없어. 죽었다 깨어나도 너는 하나님이 될 수 없어. 그러니 다시 돌아와야 해. 너는 내 음성을 듣고, 너는 내 앞에 있어야 해."

아담을 향해 "네가 어디 있느냐?"라고 물으셨던 하나님은 오늘 당신에게도 동일하게 물으신다.

"사랑하는 아들아, 사랑하는 딸아, 네가 어디 있느냐?"

당신은 지금 어디에 있는가? 아담처럼 불순종의 죄로 인해 하나님의 낯을 피해 숨어 있지는 않은가? 점점 세상을 사랑하여 하나님과 멀어져 가고 있지는 않은가? 외로움과 수치심과 불안과 두려움에 떨고 있지는 않은가?

이제 주님께로 나아오라. 어둠의 자리에 있다면 빛의 자리로, 불순종의 자리에 있다면 순종의 자리로 나아오라. 예배의 자리에서 멀어졌다면 은혜의 보좌 앞으로 나아와 하나님의 얼굴을 구하라. 당신이 정말 하나님의 사람이라면 당신은 하나님의 낯을 피해 살 수 없을 것이다.

두려워하여 숨었나이다

하나님께서 아담과 하와를 찾아오셔서 "네가 어디 있느냐?"라고 물으셨을 때 아담은 이렇게 대답했다.

> 이르되 내가 동산에서 하나님의 소리를 듣고 내가 벗었으므로 두려워하여 숨었나이다 _창 3:10

죄를 짓기 전에는 하나님의 임재를 경험하고, 하나님이 내게 찾아와 말씀하시면 그렇게도 좋을 수가 없다. 그런데 죄를 짓고 나면 하나님의 음성 앞에서 사시나무처럼 두려워 떨게 된다. 죄를 지은 자에게 가장 무서운 것이 바로 하나님의 음성이다. 아담은 두려웠던 이유가 벗었기 때문이라고 말했다. 하지만 그는 범죄 이전에도 똑같이 벗고 있었고, 그때는 조금도 두려워하지 않았다. 아담이 두려워했던 이유는 선악과를 따먹고 하나님의 낯을 피했기 때문이다.

피조물인 인간은 하나님을 힘입어 살게 되어 있다. 하나님의 얼굴을 피하면 피하는 만큼, 하나님과 멀어지면 멀어지는 만큼 두려워 떨 수밖에 없다. 당신 안에 있는 두려움은 문제가 커서가 아니고 상황이 어려워서도 아니다. 하나님과 멀어졌기 때문이다. 하나님의 낯을 피했기 때문이다. 성경은 하

나님과 멀어지는 것이 저주이며, 하나님께로 가까이 나아감
이 복이라고 말한다.

> 무릇 주를 멀리하는 자는 망하리니 _시 73:27a
>
> 하나님께 가까이 함이 내게 복이라 _시 73:28a

　피조물인 인간이 생명의 근원이 되신 하나님의 낯을 피하
는 것은 생명의 울타리를 넘어서는 것과 같다. 하나님의 사
람들은 하나님 앞에서 살기 위해 몸부림친다. 눈에 보이지
않는 하나님을 마치 보이는 것처럼 내 앞에 모시며 그 하나님
앞에서 묻고 결정한다. 또 그 앞에서 하나님을 예배하며 산
다. 대표적인 인물이 다윗이다.

> 내가 여호와를 항상 내 앞에 모심이여 그가 나의 오른쪽에 계
> 시므로 내가 흔들리지 아니하리로다 _시 16:8

　하나님을 내 앞에 모시고 산다는 말은 단순히 하나님의 존
재를 의식하는 정도가 아닌, 내 앞에 계신 하나님과 인격적인
교제를 나눔을 말한다. 그런데 여전히 하나님과의 관계에서
인격적인 교제를 나누지 못하고, 애굽의 수치를 가지고 사는
사람들이 있다. 예수를 믿고 하나님의 사람으로 살아가면서

도 아직도 마음속 수치심을 해결하지 못해 고통 속에 하루하루를 살아가는 이들이 있다.

그러나 기억하라. 내가 어떤 수치를 가지고 있다 할지라도, 어떤 부끄러움을 가지고 있다 할지라도, 예수 그리스도 안에 거하면 그 모든 수치가 아침 안개가 사라지듯 사라진다. 죄 많은 인간이 죄로 인한 수치심에서 벗어날 수 있는 유일한 길이 무엇인가? 바로 자신의 죄인 됨을 고백하고 예수 그리스도를 영접하는 것이다.

수치심에서 벗어나야 영적 전쟁에서 승리할 수 있다. 애굽의 수치가 벗어진 자라야 가나안의 원주민을 몰아내는 영적 전쟁을 감당할 수 있다. 아직도 죄의 종으로 살아가고 또 마음에 죄로 인한 수치심이 자리 잡고 있다면 어떻게 사탄의 참소를 물리칠 수 있겠는가? 영적 전쟁 가운데 있는 자는 예수님께서 내 모든 수치와 부끄러움을 담당하셨으므로 내 모든 수치가 떠나갔다는 분명한 확신이 있어야 한다. 그래야 사탄이 아무리 당신의 상처를 이용해 당신을 참소하고 공격해도, 당신은 사탄의 공격을 물리치고 당당하게 은혜의 보좌 앞에 나아갈 수 있게 된다.

하나님은 가나안 정복에 앞서 길갈에서 할례를 받고, 유월절을 지키게 하시면서 이스라엘 백성에게 애굽의 모든 수치가 떠나갔음을 선포하셨다. 애굽의 수치가 벗어진 자라야 하나님이 약속하신 젖과 꿀이 흐르는 가나안 땅을 풍성히 누리며 살 수 있다. 예수를 믿음으로 모든 죄의 수치심에서 벗어난 자가 하나님 나라의 풍성함을 누릴 수 있는 것이다. 로마서 14장 17절을 보라. 하나님의 나라는 성령 안에서 경험하는 의와 평강과 희락인데, 죄에 대한 수치심을 갖고 있으면 이러한 하나님 나라의 풍성함을 누릴 수 없게 된다.

존 브래드쇼(John Bradshaw)가 쓴《수치심의 치유》라는 책은 인류 최초의 감정인 수치심에 대해 논한다. 내재화된 수치심은 강박관념, 불안증과 우울증, 편집증과 분열증 현상을 일으킨다고 한다. 중독에 빠지게 하거나 어떤 경우에는 자신을 무능하고 무가치하게 생각하게 하여 외로움과 허탈감, 자멸감에 빠지게 한다.

당신 안에 아직도 해결되지 못한 수치는 무엇인가? 죄에 대한 수치인가? 남보다 배우지 못한 학력에 대한 수치인가? 가난 혹은 신체나 외모에 대한 수치인가? 당신의 수치가 어떤 것이든 주님께서 당신의 그 모든 수치를 담당하셨다는 사실을 기억해야 한다. 수치심은 인간만이 느낄 수 있는 감정이라고 한다. 하나님의 마음에 합한 사람이었던 다윗에게도 간음죄와 살인죄로 인한 수치와 부끄러움이 있었다. 믿음의 조상 아브라함의 인생에도 자기 아내를 누이라 속이는 수치스러움이 있었다.

요한복음 4장에는 수치심을 안고 살아가던 한 여인이 나온다. 바로 사마리아 여인이다. 여인은 남편이 다섯이나 있었지만 지금 함께 동거하는 남자도 온전한 남편이 아니었다. 그녀는 늘 사람들로부터 손가락질을 받으며 살아왔다. 오죽하면 사람들을 피해 그 뜨거운 정오에 물을 길러 나왔겠는가? 그런데 그 우물가에서 주님을 만났다. 주님을 만난 여인은 가장 먼저 물동이를 버려두고 동네로 뛰어 들어가 외쳤다.

"내가 행한 모든 일을 내게 말한 사람을 와서 보라(요 4:29a)."

내가 행한 모든 일이란 남편을 다섯이나 둔 일이다. 얼마나 수치스럽고 부끄러운 일인가? 이제 여인은 자신의 수치스러운 과거에 대해 부끄러워하지 않았다. 자신의 아픈 과거의 상처를 건드릴까 봐 사람들을 피해 다녔던 삶은 끝났다. 이제는 자신을 향해 손가락질하던 사람들에게 나아가 담대히 예수가 그리스도라고 전했다. 예수를 전파하는 최초의 여전도사가 된 것이다. 단 몇 분 만에 사람이 이렇게까지 달라진 것은 그녀가 바로 예수님을 만났기 때문이다. 예수님을 만난 순간 자신의 모든 수치가 벗어졌기 때문이다. 예수님을 만남으로 모든 죄책감에서 해방되었고, 그 모든 수치와 부끄러움이 벗어졌기 때문이다.

지금 당신을 돌아보라. 여전히 수치심과 부끄러움을 가지고 인생을 살아가고 있는가? 수치심을 느끼지 않으려 관계를 피하고 있는가? 예수를 믿어라! 예수를 믿으면 죄만 사함을 받는 것이 아니다. 죄로 인한 수치와 부끄러움으로부터 해방된다. 바로 그런 자만이 내일을 향해 도전할 수 있고, 영적 전쟁에서 사탄의 참소를 물리치고 승리할 수 있다. 죄의 수치심에서 해방된 자만이 하나님의 나라를 풍성하게 누릴 수 있다. 하나님의 낯을 피해 숨으려고 하지 마라. 아담의 후손인 우리 인간들은 죄를 지으면 본능적으로 숨으려고 한다. 본능적으로 하나님의 낯을 피해 도망가려고 한다. 하지만 그것은 문제를 해결하는 방법이 아니다. 우리가 가리고, 숨기고, 도망간다고 해서 죄가 없어지는 것이 아니다. 그러므로 하나님의 낯을 피하려고 하지 마라.

오늘 당신에게 다가오셔서 "네가 어디 있느냐?"라고 물으시는 하나님의 음성 앞에 솔직하게 당신의 죄를 고백해야 한다. 하나님 앞에서 악한 것은 죄를 짓는 것보다 용서를 구하지 않는 것이다. 사랑하는 자녀가 아빠, 엄마의 얼굴을 피하는 모습을 보면 부모의 마음은 찢어질 듯 아프다. 마찬가지다. 하나님의 자녀 된 당신이 하나님 아버지의 낯을 피할 때 주님은 너무나 아파하신다. 아무리 넘어지고, 실패했을지라도 하나님의 낯을 피하려고 하지 마라. 당신의 인생이 하나님의 낯을 피하는 인생이 아닌 하나님의 낯을 향하는 인생이 되기를 주님의 이름으로 축원한다.

자유와 기쁨의 하루를 위하여

9장

/

돌이켜 회개하라

(창 3:11-13)

사람은 자신이 지은 죄를 쉽게 인정하려고 하지 않는다. 아담과 하와뿐만 아니라 아담의 후손인 모든 인류가 다 그렇다. 아이들도 성장하면서 뭔가를 잘못하면 끊임없이 핑계를 댄다. 장난감을 잃어버린 것이 형 때문이라고 말하고, 컵을 깨뜨린 건 동생 때문이라고 말한다. 심지어 배만 아파도 "엄마 때문에 밥 먹고 배 아프잖아요"라고 책임을 전가하기도 한다.

창세기 4장에는 하나의 살인 사건에 대한 기록이 나온다. 형 가인이 동생 아벨을 쳐 죽인 것이다. 인류 최초의 살인을 저지른 것이다. 하나님이 가인을 찾아와 물으셨다.

"네 아우 아벨이 어디 있느냐?"(창 4:9a) 물으셨다. 아벨이 죽었다는 사실을 모르시는 것이 아니다. 범죄한 아담을 찾아와 "네가 어디 있느냐"라고 물으셨던 것처럼 하나님은 가인에게 회개할 기회를 주기 위해 물으신 것이다. 가인은 대답했다.

> 내가 알지 못하나이다 내가 내 아우를 지키는 자니이까
>
> _창 4:9b

방금 전 자신이 돌로 쳐 죽여 놓고 가인은 너무나 뻔뻔스럽게 알지 못한다고 대답한다. 한술 더 떠 "내가 내 아우를

지키는 자니이까"라고 말한다. 마음이 강퍅해진 가인은 끝까지 자신의 죄를 인정하지 않았다.

시내산에 오른 모세가 40일이 지나도 내려오지 않자, 이스라엘 백성은 불안과 두려움에 아론에게 모여들었다.

일어나라 우리를 위하여 우리를 인도할 신을 만들라 _출 32:1b

집단으로 몰려든 백성들은 아론에게 앉아만 있지 말고, 일어나서 우리를 인도할 신을 만들라고 했다. 거절하면 돌이라도 맞을 것 같은 분위기다. 아론은 그 분위기를 거스를 수 없었다. 그래서 백성에게 금고리를 가져오게 하여 금송아지 형상을 만들고 "이는 너희를 애굽 땅에서 인도하여 낸 너희의 신"이라고 선포했다. 나중에 산에서 내려온 모세가 책임을 추궁하자 아론은 백성들의 악함으로 인해 그들의 요구를 거절할 수가 없었다고 변명한다(출 32:22). 아론은 금송아지를 만들어 섬기는 것이 하나님의 계명을 어기는 것임을 알았지만 진리보다 대세를 따랐다. 그는 자신의 죄를 인정하고 용서를 구하기보다 자신이 죽을 것만 같았던 그 분위기 때문에 어쩔 수 없었다며 죄를 합리화하고 다른 사람들에게 책임을 전가했다.

빌라도 총독은 어땠는가? 그는 예수님을 십자가에 못 박아 죽이도록 사형을 선고했다. 빌라도는 예수님에게 아무런 죄가 없다는 것을 누구보다도 잘 알고 있었다. 그럼에도 민란이 나려는 것을 보고, 성난 군중들의 성화에 못 이겨 예수를 십자가에 못 박도록 내어 주었다. 그 후 물을 가져다가 군중들 앞에서 손을 씻으며 "이 사람의 피에 대하여 나는 무죄하니 너희가 당하라"(마 27:24b)라고 말했다. 자신이 지은 죄를 성난 군중들에게 전가한 것이다.

사람들은 자신들이 지은 죄를 쉽게 인정하지 않는다. "내가 죄를 지었습니다. 내가 잘못했습니다. 나 때문입니다. 나를 용서해 주십시오"라고 말하는 경우는 극히 드물다. 할 수만 있으면 죄에 대한 책임을 다른 사람에게 전가하려고 한다. 끝까지 "나는 모른다"며 오리발을 내밀고, 자신이 지은 죄를 부정하려고 한다. 또한 아론처럼 어쩔 수 없는 상황과 분위기 때문에 그럴 수밖에 없었다고 핑계를 댄다. 돌에 맞을 것 같은 상황, 대세를 거스를 수 없는 분위기, 가난이라는 상황, 믿지 않는 사람들에게 둘러싸인 상황, 적자를 볼 수밖에 없는 상황에서 자신의 지위와 자존심 때문에 죄를 지을 수밖에 없었다고 말한다. 신앙생활은 대세를 따르는 것이 아니다. 분위기를 따르는 것이 아니다. 진리를 따라 행하는 것이다!

죄를 자복하고 버리라

> 자기의 죄를 숨기는 자는 형통하지 못하나 죄를 자복하고 버
> 리는 자는 불쌍히 여김을 받으리라 _잠 28:13

아담의 후손인 우리는 끊임없이 우리의 죄를 숨기려고 한
다. 죄는 숨긴다고 해서 해결되는 것이 아니다. 죄를 해결할
수 있는 유일한 길은 죄를 자복하고 버리는 것이다. 당신이
죄를 회개할 때 하나님은 당신을 불쌍히 여겨 주신다. 반면
죄를 숨기는 사람은 결코 형통할 수 없다.

> 내가 나의 마음에 죄악을 품었더라면 주께서 듣지 아니하시리라
> _시 66:18

내 마음에 죄악을 품고 기도하면 하나님께서 그 기도를 듣
지 않으신다. 기도의 응답을 받기 위해서라도 당신은 반드시
죄를 자복하고 회개해야 한다. 죄를 숨기지 않고 회개해야
한다. 그럴 때 하나님께로부터 형통함을 얻고, 또한 불쌍히
여김을 받는다. 그것을 잘 보여 주는 인물이 바로 다윗이다.
다윗은 간음죄와 살인죄를 지었다. 하나님은 나단 선지자를

보내 그 죄를 들추어 내시며 책망하셨다.

> 당신이 그 사람이라 _삼하 12:7a
>
> 내가 여호와께 죄를 범하였노라 _삼하 12:13a

다윗은 대꾸하지 않았다. "왕인 나를 어찌 책망하냐"며 왕의 지위를 가지고 선지자를 질책하지 않았다. "목욕하는 모습을 내게 보여 준 저 여자 때문"이라며 자신의 죄를 전가하지 않았다. 즉시 왕의 지위와 체면을 다 내려놓고, 자신의 죄를 고백하며 회개했다. 그동안의 공적을 고려해 달라고도 말하지 않았다. 깨끗하게 자신의 죄를 자복하며 눈물이 침상을 적시도록 애통하며 회개했다.

다윗은 죄 고백을 미루지도, 핑계 대지도, 다른 사람에게 죄를 전가하지도 않았다. 이것이 바로 다윗의 위대함이다. 그는 죄를 지었지만 선지자의 책망을 들었을 때 곧바로 회개했다. 그리고 구원의 즐거움을 회복하였다. 하나님의 마음에 합한 자가 되었고, 하나님의 손에 붙들린 바 되어 귀하게 쓰임을 받았다. 이렇듯 회개는 회복의 마중물이다.

죄를 품고 살아가면 반드시 관계가 깨진다. 아담은 범죄로 인해 하나님과의 관계가 깨지고 말았다. 인간 세계에 죄와 죽음이 들어오고 모든 비참함이 시작됐다. 죄를 회개하지 않고, 서로 비난하고, 죄를 전가함으로 아담과 하와의 관계도 깨지고 말았다. 아담이 "이는 내 뼈 중의 뼈요 살 중의 살이라"(창 23:23a)라며 사랑을 고백했던 하와가 이제는 '그 여자'로 바뀌고 말았다. 놀라운 사실은 아담과 하와의 관계가 깨지고 갈등으로 이어진 뒤 그 아들 가인과 아벨의 관계도 깨졌다는 것이다. 가인이 아벨을 쳐 죽이는 살인 사건이 발생한 것이다. 부부가 서로 신뢰하지 못하고, 화목하지 못하면 자녀에게도 파괴적인 영향을 미치기 마련이다. 가정에서 폭력과 외도와 불륜으로 부부 관계가 흔들리면, 자녀들도 흔들리게 된다. 죄는 관계를 깨뜨린다.

하지만 죄를 회개하면 관계가 회복된다. 어떤 죄를 지었더라도 죄를 숨기거나 전가하지 않고 회개하면 관계가 회복된다. 요엘 선지자는 이스라엘 백성에게 회개를 촉구했다.

너희는 옷을 찢지 말고 마음을 찢고 너희 하나님 여호와께로 돌아올지어다 _욜 2:13a

회개는 마음을 찢는 것이다. 마음을 찢는 것은 진정한 애통을 말한다. 그리고 여호와께로 돌아오는 것이다.

주께서 혹시 마음과 뜻을 돌이키시고 그 뒤에 복을 내리사 너

희 하나님 여호와께 소제와 전제를 드리게 하지 아니하실는지 누가 알겠느냐 _욜 2:14

하나님께서는 회개하며 돌아오는 사람에게 그 마음과 뜻을 돌이키셔서 복을 내리시고, 기쁨으로 제사와 제물을 드릴 수 있게 해 주신다. 이렇게 회개는 하나님과의 뒤틀린 관계를 회복시켜 준다.

회개는 사람과 사람과의 관계 역시 회복시켜 준다. 야곱은 아버지와 형을 속이고 형의 장자권과 축복권을 차지했다. 이 일로 인해 형이 자신을 죽이려 하자 밧단 아람으로 도망 갔다. 20년의 세월이 지난 후, 그는 다시 고향으로 돌아오게 되었다. 그리고 형의 분노와 복수를 면하기 위해 나귀와 낙타와 소와 양 등 많은 예물을 보냈다. 하지만 보복하기 위해 400명을 거느리고 자신을 향해 다가오는 형의 발걸음을 멈추게 할 수는 없었다. 결국 야곱은 형과 그 용사들 앞에 나아 갔다.

자기는 그들 앞에서 나아가되 몸을 일곱 번 땅에 굽히며 그의 형 에서에게 가까이 가니 _창 33:3

몸을 일곱 번 땅에 굽혀 절하는 것은 전쟁의 패자가 승자에게 완전히 항복하고 굴복하는 행위다. 또한 대단한 존경심과 경외심을 표현하는 행위로서, 왕에게나 하던 인사였다. 자신의 몸을 일곱 번 땅에 굽히면서 야곱은 자신의 죄에 대한 용서를 겸손히 구한 것이다.

> 에서가 달려와서 그를 맞이하여 안고 목을 어긋맞추어 그와
> 입맞추고 서로 우니라 _창 33:4

형 에서는 야곱으로 인해 원한이 쌓였다. 20년이라는 세월이 지났지만 그 마음에 분노와 복수심은 사라지지 않았다. 그러나 야곱이 진정으로 형 앞에 굴복하여 용서를 구할 때 관계가 회복되었다. 회개는 이렇게 관계를 회복시켜 준다. 오늘 하나님께 나아가 죄를 자복하고 그분과의 관계를 회복하라.

이르시되 누가 너의 벗었음을 네게 알렸느냐

내가 네게 먹지 말라 명한 그 나무 열매를 네가 먹었느냐

아담이 이르되 하나님이 주셔서 나와 함께 있게 하신 여자 그가

그 나무 열매를 내게 주므로 내가 먹었나이다

여호와 하나님이 여자에게 이르시되

네가 어찌하여 이렇게 하였느냐

여자가 이르되 뱀이 나를 꾀므로 내가 먹었나이다

/ 창 3:11-13 /

10장

/

오늘, 부활을 살라

(고전 15:55-58)

부활절이 되면 지구촌에서는 다양한 축제가 열린다. 영국 런던에서는 부활절 달걀 아트 축제가 진행된다. 미국 뉴욕에서는 부활절 모자 축제가 열리고, 헝가리에서는 미혼 여성에게 물벼락을 안겨 주는 축제가 열린다. 필리핀에서는 거리에서 예수 그리스도의 고난을 재현하는 퍼포먼스가 진행된다. 우리나라는 지역마다 부활절 연합예배를 드리고, 교회마다 부활절 칸타타와 형형색색의 달걀들을 나눠 준다. 주일학교 학생들은 부활절 하면 가장 먼저 삶은 달걀을 떠올릴 정도다.

하지만 부활절이 부활의 신앙과는 전혀 상관없이 단순히 먹고 즐기는 형식적인 절기로 변질되고 있는 듯해 우려스럽다. 많은 성도가 '부활'하면 내 인생의 먼 미래에 일어날 일로 생각한다. 먼 훗날 예수님이 재림하시는 날에 무덤 속에 있던 내 육체가 부활할 것이라고 믿는다. 맞다. 예수님이 재림하시는 날, 재림을 알리는 나팔 소리가 하늘에 울려 퍼지면 죽은 자들이 썩지 아니할 것으로 다시 살아날 것이다.

나팔 소리가 나매 죽은 자들이 썩지 아니할 것으로 다시 살아나고 _고전 15:52

예수를 죽은 자 가운데서 살리신 성령께서 당신의 죽은 몸도 다시 살리실 것이다.

예수를 죽은 자 가운데서 살리신 이의 영이 너희 안에 거하시면

그리스도 예수를 죽은 자 가운데서 살리신 이가

너희 안에 거하시는 그의 영으로 말미암아

너희 죽을 몸도 살리시리라 _롬 8:11

사도 바울은 무덤에서 부활할 자신의 몸을 이렇게 기록하고 있다.

죽은 자의 부활도 그와 같으니 썩을 것으로 심고 썩지 아니할 것으로 다시 살아나며 욕된 것으로 심고 영광스러운 것으로 다시 살아나며 약한 것으로 심고 강한 것으로 다시 살아나며 육의 몸으로 심고 신령한 몸으로 다시 살아나나니 _고전 15:42-44a

주님이 재림하시는 그날, 당신의 몸은 결코 죽지 않고 썩지 않을 몸으로, 하나님의 자녀 된 권세를 가진 영광스러운 몸으로, 피곤과 질병과 약함이 없는 강한 몸으로, 시간과 공간의 제약을 받지 않는, 죽을 때의 모습과는 전혀 다른 신령한 몸으로 부활하게 될 것이다. 이것은 분명한 사실이다. 그래서 예배 시간마다 "몸이 다시 사는 것과 영원히 사는 것을 믿사옵나이다"라고 고백하는 것이다.

지금 이곳에서

그러나 부활은 먼 훗날에만 경험할 수 있는 사건이 아니다. 부활의 생명과 능력은 죽고 난 다음에만, 예수님이 재림하시는 날에만 역사하는 것이 아니다. 부활의 생명과 능력은 오늘 당신이 머물러 있는 이곳에서, 삶의 현장에서 경험할 수 있다. 부활의 생명과 능력이 지금 당신 가운데 역사하고 있기 때문이다.

예수님의 제자들은 예수님이 잡히시던 날, 죽음이 두려워 예수님을 버리고 도망갔다. 그렇게 예수님을 배신하고 떠났던 제자들이 부활하신 주님을 만났다. 부활하신 주님을 만나고 성령의 충만을 받은 후에는 감옥에 갇히고, 고난을 받아도 심지어 죽음조차도 두려워하지 않게 되었다. 더 놀라운 사실은 부활의 증인으로서 예수님의 부활을 선포했다는 것이다. 오순절에 성령의 충만을 받은 베드로가 "너희가 법 없는 자들의 손을 빌려 못 박아 죽였으나 하나님께서 그를 사망의 고통에서 풀어 살리셨으니 이는 그가 사망에 매여 있을 수 없었음이라"(행 2:23b-24)라며 부활의 복음을 전하자 예수를 믿고 세례를 받은 사람이 3천 명이나 더해졌다.

초대교회 설교의 중심 메시지는 예수님의 부활이었다. 부활의 복음을 전하다 공회 앞에 잡혀온 사도들이 채찍에 맞고

업신여김을 받는 것을 오히려 기뻐한 장면도 있다.

> 사도들은 그 이름을 위하여 능욕 받는 일에 합당한 자로 여기
> 심을 기뻐하면서 공회 앞을 떠나니라 _행 5:41

고난을 기뻐하는 사람은 없다. 그러나 부활의 신앙을 가지
고 살았던 초대교회 사도들은 고난을 기뻐했다. 고난을 참고
인내하는 정도가 아니었다. 고난 그 자체를 기뻐했다. 그들
안에 부활의 생명과 능력이 역사하고 있었기 때문이다.

사도 바울은 예수 믿는 사람들을 잡아 감옥에 가두는 일을
할 정도로 십자가의 원수였다. 그런 바울이 다메섹 도상에서
부활하신 주님을 만났다. 주님을 만난 후 바울은 상상할 수
없을 정도로 달라졌다. 인생의 한 부분만 변화된 것이 아니
라 그의 인생관, 가치관, 세계관이 완전히 변화되었다. 과거
에 그토록 귀하게 여기던 모든 것들을 배설물로 여길 정도로
전혀 새로운 사람이 된 것이다. 그는 결혼도 하지 않고, 죽는
날까지 부활의 복음을 전하는 증인으로서 살았다. 이것이 부
활의 능력이다.

예수님의 부활이 최고의 승리

본문에는 승리라는 말이 두 번 나온다.

> 사망아 너의 승리가 어디 있느냐 _고전 15:55a
>
> 우리 주 예수 그리스도로 말미암아 우리에게 승리를 주시는
> 하나님께 감사하노니 _고전 15:57

예수님은 십자가에 달려 죽으시고, 사흘 만에 부활하셨다. 사도 바울은 예수님의 부활을 '승리'라고 표현하고 있다. 세상에는 경기에서 승리, 생존경쟁에서 승리, 싸움에서 승리 등 많은 승리가 있다. 그러나 이것들은 진정한 승리가 아니다. 지금은 승리처럼 보여도 나중에 패배할 수 있고, 그 승리가 영원하지 않기 때문이다. 그러나 영원한 승리, 완벽한 승리, 최고의 승리가 있다. 이 세상 그 누구도 정복할 수 없었던 승리가 있다. 그것은 죽음을 이기는 것이다.

우리 인생에서 가장 무서운 원수는 바로 죽음이다. 죽음이야말로 인류에게 가장 무섭고 두려운 존재다. 죽음이 가장 큰 원수다. 인간들은 죽음 앞에서 슬퍼한다. 죽음을 두려워한다. 말기 암 선고를 받고 시한부 인생을 사는 사람들을 만나 죽음의 공포가 얼마나 큰지 물어보라. 인간의 타락 이후

죽음 앞에 정복당하지 않은 사람은 한 명도 없다. 부자도, 정치인도, 과학자도, 의사도 모두 죽는다. 사망이 돈을 이기고, 권세를 이기고, 과학을 이긴다. 시간의 차이만 있을 뿐 모든 사람이 죽는 건 불변의 법칙이다.

예수님은 무소불위의 권세를 가진 죽음의 권세를 깨뜨리시고 부활하셨다. 예수님은 십자가에서 죗값을 지불하시고, 부활하심으로 죄와 죽음을 이기셨다. 부활은 인생의 가장 큰 원수인 죽음을 이긴 최고의 승리다.

승리를 주시는 하나님

더 놀라운 사실은 하나님께서 그 이김을 당신에게 주신 것이다. 바울은 이렇게 고백한다.

우리 주 예수 그리스도로 말미암아 우리에게 승리를 주시는 하나님께 감사하노니 _고전 15:57

예수님은 부활하심으로 죄와 죽음에서 승리하신 그 최고의 승리를 당신에게 주셨다. 죽었던 내 영혼을 부활의 생명으로 살리신 것이다.

또 증거는 이것이니 하나님이 우리에게 영생을 주신 것과 이

생명이 그의 아들 안에 있는 그것이니라 아들이 있는 자에게

는 생명이 있고 하나님의 아들이 없는 자에게는 생명이 없느

니라 _요일 5:11-12

하나님의 아들이 있는 자에게는 생명이 있고, 아들이 없는
자에게는 생명이 없다. 예수님 안에 있는 생명은 죄와 무관
하고, 죽음을 이긴 부활의 생명이다. 당신이 예수를 믿을 때
하나님은 부활의 생명으로 당신을 다시 태어나게 하셨다. 죽
음을 이긴 부활의 생명으로 죽었던 당신의 영혼을 다시 살리
신 것이다.

성경은 "사망이 생명에 의해 삼킨 바 된 것"이라고 말씀하
고 있다. 본문 54절에는 "사망을 삼키고 이기리라"라고 기록
되어 있다. 사망이 아무리 대단한 능력을 가지고 있다 해도
사망은 생명에 의해 삼켜질 수밖에 없다. 아무리 강한 어둠
이라도 빛이 임하면 물러가듯, 죽음이 아무리 강해도 예수님
의 부활의 생명이 임하면 물러갈 수밖에 없다. 지금 당신 안
에는 죽음을 이긴 부활의 생명이 있다.

자유와 기쁨의 하루를 위하여

부활의 생명을 가진 자의 삶

부활의 생명을 가진 사람은 죽음에 대한 두려움 없이 인생을 살아간다. 부활의 생명으로 거듭나며 이미 영혼이 부활했기 때문이다. 마지막 날에 있을 육체의 부활을 믿는 자들은 죽음에 대한 두려움이 없다. 두려움 없이 인생의 죽음을 맞이한다. 부활의 생명이 그 사람 안에서 강력하게 역사하고 있기 때문이다. 하지만 죄와 죽음의 법 아래 매여 있는 사람들은 죽음의 힘이 그 안에서 강력하게 역사한다. 죽음의 공포와 두려움을 갖고 인생을 살아간다.

우리 주 예수 그리스도로 말미암아 우리에게 승리를 주시는
하나님께 감사하노니 _고전 15:57

부활의 생명을 가진 자는 감사하며 살아간다. 내 인생의 가장 큰 원수, 내 힘으로는 물리칠 수 없는 죽음의 세력을 이기고 승리했기 때문이다. 당신의 인생에 죽음보다 더 큰 문제는 없다. 당신은 이제 예수 그리스도로 말미암아 그 죽음을 이기고 승리했다. 부활의 생명이 당신 안에서 지금 역사하고 있다. 고난 때문에 인생이 괴로운가? 당신이 겪고 있는 아픔과 주님이 당신에게 베푸신 은혜를 비교해 보라. 삶의

벼랑에서 맞닥뜨린 고난이 아무리 힘거울지라도 하나님께서
예수 그리스도를 통하여 당신에게 주신 은혜와는 비교할 수
없다. 치열한 생존경쟁에서 쓰러지고 넘어졌을지라도, 때로
는 사업에 실패했을지라도, 당신의 인생에 수많은 고통과 아
픔이 있을지라도 당신에게 승리를 주신 주님을 생각하며 감
사할 수 있기를 바란다.

> 그러므로 내 사랑하는 형제들아 견실하며 흔들리지 말고
> _고전 15:58a

부활의 생명을 가진 자는 견실하며 흔들리지 않는다. 인생
을 살아가면서 악인의 형통함을 보고, 교회에 대한 비판적 뉴
스를 보고, 교회와 세상에서의 삶이 너무나 다른 이중적인 성
도의 모습을 보고, 이성적 과학주의의 영향을 받아 당신의 믿
음이 송두리째 흔들릴 때가 많을 것이다. 하지만 부활의 신
앙을 가진 자는 흔들리지 않는다. 인생의 가장 크고 무서운
죽음을 정복한 자들이기 때문이다.

독일의 본 회퍼 목사는 제2차 세계대전 중 히틀러 암살 계
획에 가담한 죄목으로 2년간 옥중생활을 하다 강제수용소에
서 처형됐다. 그는 사형 직전 이런 말을 남겼다.

"이것이 마지막입니다. 그러나 내게는 삶의 시작입니다."

죽음이 끝이 아니라 주님과 함께하는 새로운 시작임을 알았기에 죽음 앞에서도 견고하며 흔들리지 않았던 것이다.

> 항상 주의 일에 더욱 힘쓰는 자들이 되라 _고전 15:58b

부활의 생명을 가진 자는 주의 일에 더욱 힘쓰며 살아간다. "더욱"이라는 단어를 주목해 보라. 고린도교회는 지금까지 주의 일에 힘쓰는 교회였음을 알 수 있다. 바울은 "더욱 힘을 쓰라!"라고 말한다. 부활의 신앙을 가지고 오늘을 사는 자는 죽음이 끝이 아님을 믿기에 더욱 주의 일에 힘을 쓸 수밖에 없다. 내가 가진 모든 것, 물질과 달란트와 시간을 모두 동원해 주의 일에 더욱 힘써야 한다. 부활의 신앙을 가진 자는 미래의 영광만 바라보며 사는 자가 아니라, 지금 이 땅에서 주의 일에 더욱 힘쓰는 자가 되어야 한다.

그렇다면 주의 일은 무엇인가? 주님의 이름으로 행해지는 모든 일이다. 담대히 부활의 증인으로 살아가는 것이다. 성령의 능력으로 주의 복음을 전하여 죽은 영혼을 살리는 것이다. 예수님의 이름으로 병든 자를 고치며, 귀신을 내쫓고, 고난 가운데 있는 자들을 위로하고, 도움이 필요한 자들에게 하나님의 사랑을 흘려 보내는 것이다. 바로 지금 말이다.

주님은 사망의 권세를 깨뜨리고 부활하심으로 승리하셨

다. 그리고 예수 그리스도로 말미암아 당신에게 그 승리를 주셨다. 부활의 생명을 가진 자는 지금 이곳에서 감사하며 살아야 한다. 견고하며 흔들리지 않는 삶을 살아야 한다. 주의 일에 더욱 힘쓰는 자들이 되어야 한다.

자유와 기쁨의 하루를 위하여

11장

/

구원의 즐거움을
회복하라
(시 51:12)

2008년, 과테말라 집회 중에 알모롱가(Almolonga)를 다녀온 적이 있다. 당시 알모롱가는 몹시 가난했으며, 대부분의 부모가 자녀교육에 관심도 없었다. 또한 대부분의 성인남자들은 알코올중독이었다. 그로 인해 크고 작은 싸움이 떠날 날 없이, 폭력이 난무하던 저주받은 도시였다. 그런데 이 도시가 변화되었다. 마을 사람 80%가 복음화되어 10명 중의 8명이 예수님을 영접하고, 신앙생활을 하고 있다. 4개 감옥이 모두 사라졌고, 36개 술집 중 33개가 사라졌다. 지금은 가장 깨끗하고, 행복한 도시로 변화되었다.

그뿐만 아니라 땅이 복을 받아 빈곤이 사라졌다. 지역의 토질이 비옥해지면서 모든 농작물의 크기가 2-3배씩 커지고, 맛도 좋아졌다. 수확량도 획기적으로 증가했다. 60일이 걸리던 무 수확기간이 40일, 다시 25일로 짧아지고, 팔뚝보다 더 큰 당근들이 수확되었으며, 2kg이 넘는 비트가 생산되는 등 '아메리카의 채소정원'으로 불리게 되었다. 믿기 어렵겠지만 모두 사실이다.

이 배경에는 이 지역 출신 마리아노 목사의 목숨을 건 기도가 있었다. 그는 자신의 고향을 위험하고 어두운 도시로 계속 남겨둘 수 없었다. 그래서 일주일에 3-4일씩 금식하며 기도하기 시작했다. 계속되는 금식기도의 결과로 무력했던 영혼들이 생기를 얻기 시작하며 교회들이 눈에 띄게 성장했다. 성령의 임재와 역사하심 가운데 불치의 병을 앓던 사람들이 기도의 힘으로 고침 받는 일들이 일어나기 시작했다. 수백 명의 사람이 회개하고, 도시를 위해 기도하기 시작했다.

> 내 이름으로 일컫는 내 백성이 그들의 악한 길에서 떠나 스스로 낮추고 기도하여 내 얼굴을 찾으면 내가 하늘에서 듣고 그들의 죄를 사하고 그들의 땅을 고칠지라 _대하 7:14

이 말씀처럼 그 땅에 거하는 사람들이 악한 길에서 떠나고 기도하며 주의 얼굴을 찾으니, 하나님께서 듣고 그들의 죄를 사하고 그들의 땅을 고쳐 주신 것이다. '땅을 고쳐 주신다'는 말은 저주가 떠나가고, 땅이 회복되는 것을 말한다. 하나님의 은혜와 축복이 임하는 것이다. 악한 길에서 떠나 하나님의 얼굴을 구할 때, 인간의 죄가 사함을 받을 때, 그 땅 가운데 하나님의 나라가 임하는 것이다.

말라기 3장 12절에 기록된 "너희 땅이 아름다워지므로"라는 말은 하나님이 오늘 당신의 삶의 터전을 아름답게 하신다는 의미다. 당신이 온전한 십일조를 드릴 때 그리고 악한 길에서 떠나 스스로 낮추고 기도하여 하나님의 얼굴을 구하면 하나님은 당신이 머물러 있는 그 삶의 터전을 아름답게 하신다. 삶의 터전 가운데 저주가 떠나가고, 하나님의 은혜와 평강이 임하게 하신다. 하나님은 당신으로 인해 삶의 터전이 아름답고 풍성해지기를 원하신다. 범죄한 인간으로 말미암아 땅이 저주를 받았기에 땅이 회복되려면 인간이 먼저 회복되어야 한다.

내가 여호와께 죄를 범하였노라

하나님의 마음에 합한 자였던 다윗이 간음죄와 살인죄를 지었다. 우리아의 아내 밧세바를 궁으로 불러들여 동침하였고, 이 사실을 무마시키고자 그 남편 우리아를 최전선에 보내 죽게 했다. 다윗은 이렇게 모든 것을 은폐하고, 완전 범죄를 기대하며 1년 넘게 보냈다.

하나님은 그런 다윗에게 나단 선지자를 보내 이야기를 들려주셨다.

"양과 소가 많은 한 부자의 집에 행인(손님)이 왔는데 이 부자는 자기의 양과 소는 아까워서 놔두고 가난한 사람이 가진 한 마리뿐인 암양을 잡아다가 손님을 대접하였다."

이 이야기를 들은 다윗은 실로 격분했다.

"그런 짓을 한 사람은 마땅히 죽어야 한다!"

또한 "그 새끼 양의 4배를 배상해 주어야 한다"라고 말했다. 나단 선지자는 "당신이 그 사람이라"(삼하 12:7a)라며 다윗의 죄를 지적하고 책망했다. 그 죄로 인해 칼이 그의 집에서 영원히 떠나지 아니할 것과 태어난 아이도 죽게 될 것을 선포했다. 이에 다윗은 자신의 죄에 대해 변명하지 않았다.

> 다윗이 나단에게 이르되 내가 여호와께 죄를 범하였노라
>
> _삼하 12:13a

　다윗은 한 나라의 왕으로서 얼마든지 자신의 죄를 지적하고 심판을 예언한 나단 선지자를 당장에 쳐 죽일 수도 있었다. 그러나 다윗은 자신의 죄를 순순히 시인했다. 철저하게 자신의 죄를 인정하고, 참회의 기도를 드렸다. 밤마다 눈물로 침상을 적시며 이불이 흠뻑 젖을 만큼 회개의 기도를 드렸다. 물론 시적인 표현이지만 다윗이 얼마나 처절하게 자신의 죄를 눈물로 회개했는지 알 수 있는 장면이다.

구원의 즐거움을 내게 회복시켜 주소서

주의 구원의 즐거움을 내게 회복시켜 주시고 _시 51:12a

자신의 죄를 인정하고 참회의 기도를 드린 다윗은 구원의 즐거움을 회복시켜 달라고 기도한다. 주의 구원에는 언제나 기쁨이 동반되기 때문이다. 기쁨 없는 구원은 없다.

비록 무화과나무가 무성하지 못하며 포도나무에 열매가 없으며 감람나무에 소출이 없으며 밭에 먹을 것이 없으며 우리에 양이 없으며 외양간에 소가 없을지라도 _합 3:17

하박국 선지자는 바벨론의 강한 군대가 쳐들어오면 사람을 죽일 뿐만 아니라 모든 것을 짓밟고 약탈해 갈 것을 알고 있었다. 그동안 농사해 놓은 무화과나무, 포도나무, 감람나무의 열매들도 다 빼앗아 갈 것이고, 외양간의 소들이며, 우리 안에 있던 양도 모두 빼앗아 갈 것을 알았다. 그러나 그는 이런 절망적인 상황에서 이렇게 고백한다.

나는 여호와로 말미암아 즐거워하며 나의 구원의 하나님으로

말미암아 기뻐하리로다 _합 3:18

　희망이 보이지 않는 막막한 상황 속에서도 즐거워하며 기뻐하겠다고 말하는 이유가 무엇인가? 하나님의 구원 때문이다. 구원의 기쁨은 모든 슬픔과 고통과 걱정을 덮어 버린다. 이보다 더 큰 행복과 소망이 없기 때문이다.

　다윗은 구원의 즐거움을 회복시켜 달라고 기도했다. 회복이란 말을 통해 알 수 있는 것이 무엇인가? 이전에 구원의 즐거움을 누리며 살았던 때가 있었다는 것이다. 다윗은 구원의 즐거움이 무엇인지 알았고, 그것을 누리며 살았다. 구원의 즐거움이 있었기에 사울 왕에게 오랜 시간 쫓기면서도 하나님을 찬양할 수 있었다. 구원의 확신이 있었기에 골리앗에게 담대히 도전할 수 있었다. 구원의 즐거움을 누리고 살았기에 사람들로부터 배신을 당했지만 그 아픔과 고통을 이겨 낼 수 있었다. 다윗은 구원의 즐거움이 무엇인지를 아는 사람이었고, 그 구원의 즐거움을 누리며 살아왔다. 그런 그가 이 구원의 즐거움을 잃어버렸다.

언제 구원의 즐거움을 잃어버렸는가?

죄를 짓고 난 뒤, 다윗은 구원의 즐거움을 잃어버렸다. 간음죄와 살인죄를 짓고 나니 구원의 즐거움이 사라져 버렸다. 죄는 순간의 짜릿한 기쁨을 주지만, 내 영혼의 기쁨을 사라지게 한다. 더 나아가 내 영혼을 신음하게 만든다. 물론 당신이 죄를 지었다고 해서 곧바로 구원이 취소되거나 사라지지는 않는다. 그러나 죄를 짓게 되면 영혼의 즐거움이 사라진다. 구원의 기쁨이 사라진다. 죄가 내 안에 계신 성령님을 근심시킬 뿐만 아니라 내 영혼을 짓누르기 때문이다. 다윗의 고백을 보라.

> 내가 입을 열지 아니할 때에 종일 신음하므로 내 뼈가 쇠하였도다 _시 32:3

죄의 고통으로 종일 신음했고, 그 신음으로 인해 그 뼈까지 쇠하여졌다고 한다. 뼈가 마를 정도로 그 고통이 심했다는 것이다. 이러니 죄를 품고 살아가는 사람의 영혼에 무슨 기쁨이 있고, 구원의 즐거움이 있겠는가? 다윗은 구원의 즐거움이 사라진 이유를 분명히 알고 있었다. 그래서 죄를 회개하고 난 후 가장 먼저 주의 구원의 즐거움을 회복시켜 달라고 기도했다.

이렇게 구원의 즐거움을 회복하라

구원의 즐거움을 알기를 원하는가? 구원의 즐거움을 사모하며 기도하길 원하는가? 그렇다면 내가 받은 구원이 무엇인지 알아야 한다. 많은 사람이 내가 받은 구원에 대해 교리적으로만 알고 있다. 또한 구원을 피상적으로만 받아들이기에 실제로 내가 받은 구원의 실체가 정확히 무엇인지를 모른다. 그렇기 때문에 오랫동안 신앙생활을 해도 구원의 감격과 기쁨이 없는 것이다.

구원은 내 인생의 가장 큰 문제인 죄와 죽음의 문제를 해결 받는 것이다. 예수님께서 2천 년 전 내 모든 죄를 담당하시고 십자가에 달려 죽으심으로 내 모든 죗값을 치르셨고, 사망의 권세를 이기고 부활하셨음을 믿는 것이다. 만일 당신이 죄와 죽음의 문제를 해결 받지 못하면, 이 땅에서 죄의 종으로 살다가 죽으면 영원한 지옥의 불못에 떨어져 끝이 없는 형벌과 고통 가운데 살아야 한다.

지옥은 영원한 고통과 괴로움이 있는 곳이다. 성경에는 지옥이 묘사될 때 세 가지 개념이 등장한다. 하나는 불이며, 다른 하나는 어둠이고, 마지막은 귀신들이다. 지옥은 유황불이 활활 타오르는 곳이다. 그러나 어두운 곳이다. 그곳에는 귀신들이 있다.

누가복음 16장을 보라. 부자가 죽었다. 그런데 거기서 끝이 아니었다. 부자는 죽으면 끝이라고 생각했을 것이다. 그는 음부의 고통 중에 떨어졌고, 이렇게 외쳤다.

> 아버지 아브라함이여 나를 긍휼히 여기사 나사로를 보내어 그 손가락 끝에 물을 찍어 내 혀를 서늘하게 하소서 내가 이 불꽃 가운데서 괴로워하나이다 _눅 16:24

쾌락 가운데 인생을 살던 부자는 지금 불꽃 가운데서 괴로움을 당하고 있다. 불꽃으로 인해 얼마나 목이 마른지 나사로를 보내 손가락 끝에 물을 찍어 자신의 혀를 서늘하게 해달라고 부탁한다. 지옥은 영원히 꺼지지 않는 불꽃 가운데서 죽지 않고, 고통과 괴로움을 당하는 곳이다. 성경은 지옥을 "불못"이라고 했다.

> 사망과 음부도 불못에 던져지니 이것은 둘째 사망 곧 불못이라 누구든지 생명책에 기록되지 못한 자는 불못에 던져지더라 _계 20:14-15

한순간이 아니라 세세토록 밤낮 그곳에서 괴로움을 당한다.

또 그들을 미혹하는 마귀가 불과 유황 못에 던져지니 거기는
그 짐승과 거짓 선지자도 있어 세세토록 밤낮 괴로움을 받으
리라 _계 20:10

불꽃 가운데서의 괴로움을 상상할 수 있겠는가? 예수님은
지옥의 고통과 괴로움을 이렇게 말씀하셨다.

거기에서는 구더기도 죽지 않고 불도 꺼지지 아니하느니라 사
람마다 불로써 소금 치듯 함을 받으리라 _막 9:48-49

구더기도 죽지 않는다는 말은 무슨 의미인가? 죽을 수도
없는 곳이라는 말이다. 죽지도 못하고 불도 꺼지지 않는 그
불못 속에서 소금 치듯 함을 받는다고 했다. 인류 문학사의
위대한 작품으로 평가받는 이탈리아 작가 단테의 작품《신
곡》을 보면 지옥 문 입구에서 다음과 같은 문장을 마주하게
된다. "여기 들어오는 너희는 모든 희망을 버려라(Lasciate ogni
speranza, voi ch'entrate)." 더는 소망이 없는 곳, 영원한 저주와 형
벌과 심판이 있는 곳, 그러나 죽을 수도 없는 곳, 그곳이 바로
지옥이다.

믿지 아니하는 자들과 … 불과 유황으로 타는 못에 던져지리

니 이것이 둘째 사망이라 _계 21:8

예수를 믿지 않는 자들은 지옥에 던져진다. 그러나 당신은 예수를 믿음으로 죄와 죽음의 문제를 해결 받았다. 영원한 지옥의 형벌과 고통을 받지 않게 되었다. 내가 받은 구원이 무엇인지를 아는 사람은 기뻐하지 않을 수 없다. 구원은 죄로 인하여 단절된 하나님과의 관계가 회복된 것이다.

당신은 죄로 인해 하나님과의 관계가 깨졌다. 죄로 인해 하나님과 원수 되었고(롬 5:10), 하나님의 진노를 피할 수 없는 본질상 진노의 자녀가 되었다(엡 2:3). 그러나 당신이 예수를 믿고 영접하면 하나님이 당신의 아버지가 되고, 당신은 그분의 아들이 된다.

영접하는 자 곧 그 이름을 믿는 자들에게는 하나님의 자녀가 되는 권세를 주셨으니 _요 1:12

예수를 믿고 구원을 받으면 하나님과의 관계가 회복되어 하나님을 아빠, 아버지라 부를 수 있게 된다. 하나님 아버지와 친밀한 관계를 맺고, 하나님과 동행하는 삶을 살게 된다. 이것이 바로 당신이 받은 구원이다. 고(故)옥한흠 목사님은 이를 '황홀한 구원'이라고 했다. 이렇게 하나님의 구원을 받은 자는 기뻐하며 즐거워할 수밖에 없다.

구원의 즐거움을 회복하려면 당신이 지은 죄를 인정하고, 그 죄를 자백함으로 죄에서 돌이켜야 한다. 그래서 다윗은 "우슬초로 나를 정결하게 하소서 내가 정하리이다 나의 죄를 씻어 주소서 내가 눈보다 희리이다"(시 51:7)라고 했다. 우슬초는 가지가 많고 줄기에 털이 많아 정결 의식을 행할 때나 유월절에 피를 찍어 문지방에 바를 때 사용된다. 그러니 "우슬초로 나를 정결하게 하소서"라는 말은 어린양 보혈로 나의 죄를 씻어 눈과 같이 정결하게 해달라는 말이다. 하나님은 당신이 죄를 자백하면 당신의 죄를 사하시며 모든 불의에서 당신을 깨끗하게 하신다. 마지못해서가 아니라 즐거움으로 당신의 죄를 사하신다.

주는 선하사 사죄하기를 즐거워하시며 _시 86:5a

그러므로 구원의 즐거움을 회복하려면 그 죄를 숨기지 말고 자백하여 사함 받아야 한다. 회개를 통해 하나님께 나아가면 주님께서는 다시 구원의 즐거움을 회복시켜 주신다. 신앙생활을 하면서도 당신 안에 구원의 즐거움이 사라졌다면, 숨겨진 죄들을 찾아내어 자백하고 회개해야 한다.

왜 구원의 즐거움이 회복되어야 하는가?

세상에는 임신의 기쁨, 출산의 기쁨, 대학에 들어가는 기쁨, 직장을 갖게 된 기쁨, 승진의 기쁨, 사업이 잘되는 기쁨, 건강의 기쁨, 만남의 기쁨 등 여러 종류의 기쁨이 있다. 그러나 이러한 기쁨은 땅에 속한 기쁨이다. 따라서 오래가지 못한다. 시간이 지나면 오히려 슬픔이 될 수 있다. 그러나 구원받은 하나님의 사람에게 있어 구원의 기쁨은 천상의 기쁨이다. 이 땅에서뿐만 아니라 영원한 천국에서도 누릴 수 있는 기쁨이다.

구원의 즐거움은 지금 당신이 처한 모든 상황을 이기고 뛰어넘게 한다. 당신이 구원의 즐거움을 누리며 살아가면 모든 근심과 염려를 이겨 낼 수 있다. 매 순간 다가오는 우울한 감정도 물론 이겨 낼 수 있다.

구원의 기쁨은 능력이다. 구원의 즐거움이 있는 자가 인생의 어려움을 이겨 낸다. 가난을 이겨 내고, 실패를 딛고, 다시 일어선다. 심지어 죽음의 공포와 두려움마저도 이겨 낸다. 수많은 믿음의 순교자는 영원한 생명이 있기에 순교를 당하면서도 찬양했다. 하지만 구원의 즐거움을 잃어버리면 예배에 대한 감격이 사라져 버린다. 예배가 형식적으로 바뀐다. 영적 침체에 빠지게 된다. 자원하는 심령이 아닌 종교적인 의무감으로 신앙생활을 하게 된다. 그러나 구원의 즐거움은 우리의 영혼을 춤추게 한다. 자원하는 마음으로 주의 일에 헌신하게 한다.

당신이 구원의 즐거움을 누리며 살아갈 때 하나님이 영광을 받으시고, 기뻐하신다. 하나님의 사람인 당신에게 최고의 재산이자 최고의 행복은 바로 구원의 즐거움을 누리며 사는 것이다.

이스라엘이여 너는 행복한 사람이로다 여호와의 구원을 너 같이 얻은 백성이 누구냐 _신 33:29a

하나님의 행복의 기준은 돈이 아니다. 구원이다. 그러므로 오늘 당신에게 있어 손해 중의 손해는 구원의 기쁨 없이 신앙생활 하는 것이다. 구원의 감격 없이 신앙생활 하는 것이야말로 가장 억울한 일이다.

하나님의 사람인 당신에게 오늘 구원의 기쁨이 회복되기를 바란다. 인간은 구원의 즐거움을 잃어버리면 세상의 즐거움을 찾기 마련이다. 그러다 마귀의 덫에 걸리고 만다. 오늘도 사탄은 당신의 구원을 빼앗아 갈 수 없기에 수단과 방법을 가리지 않고, 구원의 기쁨을 빼앗아 가려고 한다. 그러니 구원의 기쁨을 빼앗겨서는 안 된다. 구원의 즐거움을 다시 회복해야 한다. 하나님은 당신에게 구원만 주신 것이 아니라 구원의 즐거움을 함께 주셨음을 기억하라.

　너무나 많은 성도가 어제는 구원의 즐거움이 있었지만, 오늘은 없다고 말한다. 중요한 것은 오늘이다. 오늘 구원의 즐거움을 회복해야 한다. 구원의 즐거움이 회복되면 당신이 맞닥뜨린 어떤 고난도 이겨 낼 수 있다. 하나님은 인생이 아무리 힘들고 어려워도 당신이 구원의 즐거움을 누리며 살기 원하신다. 그것이 당신에게 가장 큰 기쁨이고, 또한 하나님의 기쁨이 되는 삶이기 때문이다.

3부

희망 가득한

나날들을
위하여

12장

/

당신의 꿈을
회복하라

(잠 29:18; 시 107:30)

어떤 부모가 최고의 부모일까? 돈이 많아 자녀의 모든 필요를 채워 주며 쟁쟁한 유산을 물려주는 부모? 헬리콥터처럼 자녀의 주위를 맴돌며 보호해 주고 모든 일을 챙겨 주는 부모? 이름만 대도 모든 사람이 알아주고 인정해 주는 유명한 부모? 이런 부모라고 자녀와의 관계가 다 좋지만은 않다. 부모는 최선을 다해 자녀를 위해 희생하지만, 훗날 부모와 자녀의 관계가 아름답지 않은 경우가 많다.

반면 자녀의 인생에 롤모델이 되는 부모가 있다. 그들은 끝까지 자녀를 신뢰하고, 혹 실패하더라도 격려하며, 용기를 불어넣어 준다. 이런 부모의 자녀들은 한결같이 "나는 이 세상에서 내 아버지와 어머니를 가장 존경한다"고 말한다. 그렇다면 어떤 부모가 기독교적 가치관과 세계관에 입각한 최고의 부모가 되는 것일까?

최고의 부모는 자녀에게 야망이 아닌 꿈을 심어 주는 부모다. 하나님이 주신 꿈을 꾸고, 꿈꾸는 자로 살아가면 하나님께서 그 사람의 인생을 책임져 주시고, 마침내 그 꿈대로 그 인생을 이끌어 가시기 때문이다.

요셉의 꿈

성경에 나오는 인물 중 가장 대표적인 꿈의 사람이 바로 요셉이다. 알다시피 요셉의 별명은 '꿈꾸는 자'이다. 요셉은 17세에 꿈을 꾸었다. 자신의 곡식 단은 일어서고 다른 형제들의 곡식 단이 자신의 단을 둘러서서 절을 했다. 그뿐만 아니라 해와 달과 열한 별이 자신에게 절을 했다. 한마디로 지도자가 되는 꿈이었다.

요셉은 그 꿈을 잊지 않고 꿈꾸는 자로 살았다. 요셉은 그 꿈 때문에 형들로부터 시기와 미움을 받았다. 심지어 그를 아끼는 아버지에게 꾸짖음을 들었다. 형들과 아버지로부터 그 꿈을 이야기하지 말 것을 강요받았지만 요셉은 하나님이 주신 꿈을 마음에 간직했고, 그 꿈을 선포했다. 형들에게 미움 받아 애굽에 종으로 팔려갔고, 보디발의 집에서 억울하게 누명을 쓰고 감옥에까지 갇혔지만, 하나님은 마침내 그 꿈대로 그를 애굽의 지도자가 되게 하셨다.

나의 목회 여정을 돌아보니 꿈이 얼마나 중요한지를 알 수 있다. 하나님은 상가 개척교회 시절 내 마음에 꿈을 주셨다.

'한국교회에 대안을 제시하는 교회가 돼라.'

그래서 설교 시간마다 하나님이 주신 꿈을 선포했다.

"우리 교회는 작은 교회지만 머지않아 한국교회에 대안을 제시하는 교회가 될 것입니다!"

하지만 내 입술을 통해 강단에서 선포되는 비전을 들은 성도들은 그저 웃어넘겼다. 아내도 마찬가지였다. 믿어지지 않았기 때문이다. 하지만 하나님께서는 그 꿈을 이루셨다.

하나님께서는 꿈을 이룰 수 있는 사람들을 만나게 하셨다. 그런 다음에는 꿈을 이룰 수 있는 재정과 전략을 주셨다. 그래서 지금 우리 교회는 우리만을 위한 교회가 아닌 한국교회에 대안을 제시하는 교회가 되었다. 한국교회를 넘어 열방을 섬기는 교회가 되었다.

오륜교회는 〈다니엘 기도회〉를 통해 한국교회와 열방의 교회들을 섬기고 있다. 매년 11월이 되면 교단과 교파의 벽을 뛰어넘어 1만 5천여 교회, 100만이 넘는 성도가 함께 하나님을 찬양하고 마음을 같이하여 기도하고 있다. 이 기도회를 통해 얼마나 많은 목회자와 성도가 살아 계신 하나님을 만나고, 치유와 회복의 은혜를 경험하고 있는지 모른다.

2021년부터는 약 3천여 개 가까운 청년 공동체가 연합해 〈청년 다니엘 기도회〉도 같이 드리고 있다. 그동안 한국교회는 청년들을 아우를 수 있는 집회가 없었다. 〈청년 다니엘 기도회〉를 통해 이 땅의 청년들이 함께 하나님을 찬양하며, 함께 부르짖어 기도할 수 있는 연합을 허락하셨다.

우리 교회는 이 땅의 다음세대를 일으키고 세우는 일에도 귀하게 쓰임 받고 있다. 사단법인 〈꿈이 있는 미래〉는 한국 교회에 필요한 교재를 비롯해 모든 교회에서 적용 가능한 교육용 콘텐츠를 만들어 한국교회를 섬기고 있다. 지금 약 5천여 교회가 꿈미에서 만든 교육 콘텐츠를 사용하고 있다. 그 밖에도 영훈사립초등학교, 영훈국제중학교, 영훈고등학교에 8명의 교목을 두고 2,200명의 학생에게 복음을 전하며 비전을 심어 주는 사역을 감당하고 있다.

그리고 꿈미 대안학교를 세워 기독교적 가치관과 세계관으로 그리스도의 강한 용사들을 세우는 일을 감당하고 있다. 또 청소년 전문 상담과 전문 교육 사업을 진행하고 있는 〈아이도스-인터넷 희망터〉가 있다. 아이도스에서는 여러 청소년 기관과 청소년 이동 쉼터인 '너를 위한 작은 별'을 운영하고 있다. '너를 위한 작은 별'은 학교 밖 청소년들에게 상담과 보호, 휴식, 의료, 문화, 정보 등을 제공하는 이동형 청소년 쉼터다. 아이도스는 지난해에 3,654명을 상담했고, 무려 77만 303명의 청소년이 아이도스의 기관을 이용했다. 이 땅의 무너져 가는 다음세대를 섬기고 있는 것이다.

그 밖에도 사모님들을 위한 '사모 리조이스', 사별한 목회자의 사모님을 위한 'For you', 결혼식을 올리지 못한 커플들을 위해 결혼식을 열어 주는 '약속의 면사포', 청소년들을 위한 'ALL IN' 등 많은 분야에서 한국교회에 대안을 제시하며 한국교회를 섬기는 일들을 감당하고 있다.

하나님께서 나에게 일찍이 이 꿈을 꾸게 하셨고, 선포하게 하셨다. 하나님께서 이 놀라운 꿈을 이루셨다. 오류교회는 하나님께서 주신 꿈 때문에 성장한 교회다. 이렇게 꿈이 중요하다.

왜 꿈꾸는 자가 되어야 하는가?

묵시가 없으면 백성이 방자히 행하거니와 _잠 29:18a

Where there is no vision, the people perish. _KJV

"비전이 없는 곳에서는 백성이 망한다." 의역하면 "비전이 없는 백성은 망한다"이다. 요셉은 야곱의 아들들 가운데 열한 번째 아들이다. 성경은 창세기 37장부터 50장까지 요셉에 관한 내용을 기록하고 있다. 꿈이 없는 다른 형제들에 대해서는 별로 기록하고 있지 않다. 또한 37장에는 '꿈'이라는 말이 무려 아홉 번 기록되었다. 이는 하나님이 꿈꾸는 자와 함께하시고, 꿈꾸는 자에게 관심을 갖고 계신다는 것을 보여 준다. 예수님도 늘 제자들을 앉혀 놓고 꿈에 관한 이야기를 들려주셨다.

너희는 가서 모든 민족을 제자로 삼아 _마 28:19a

내 양을 먹이라 _요 21:17b

나를 믿는 자는 내가 하는 일을 그도 하게 될 것이요 _요 14:12

오늘도 하나님은 꿈꾸는 자를 찾으신다. 하나님은 당신 안에 소원을 두고 행하시는 분이기 때문이다.

너희 안에서 행하시는 이는 하나님이시니 자기의 기쁘신 뜻을 위하여 너희에게 소원을 두고 행하게 하시나니 _빌 2:13

하나님은 자기의 기쁘신 뜻을 이루고자 하실 때 당신의 밖에서, 당신 인생의 외부에서 어떤 일을 시작하시지 않는다. 가장 먼저 당신 안에 소원을 두고 꿈을 꾸게 하신다.

말세에 내가 내 영을 모든 육체에 부어 주리니 너희의 자녀들은 예언할 것이요 너희의 젊은이들은 환상을 보고 너희의 늙은이들은 꿈을 꾸리라 _행 2:17

성령이 임하시면 젊은이들은 환상을 본다. 비전을 보는 것이다. 늙은이들도 꿈을 꾼다. 성령은 꿈을 주시는 영이기 때문이다. 성령이 충만한 사람은 언제나 꿈을 꾼다. 반면 악령은 절망의 영, 탄식의 영으로서 당신의 꿈을 산산조각 나게 만들고 낙심에 이르도록 한다. 꿈꾸는 자를 싫어한다.

사람들은 하나님이 주신 꿈을 가진 자는 순풍에 돛단 듯 인생이 평탄하고, 고난도 없고, 만사가 형통하리라 생각한다. 그러나 하나님이 주신 꿈을 갖게 되면 그 꿈을 이루지 못하게 하려는 어둠의 영과 치열한 영적 전쟁을 치러야만 한다. 더 많은 유혹을 경험하게 되고, 더 치명적인 고난과 역경을 만나게 된다. 요셉도 하나님이 주신 꿈을 꾸었기에 형들로부터 미움과 시기를 받았다. 어린 나이에 종으로 애굽에 팔려 보디발의 집에서 종살이를 했다. 나중엔 보디발의 아내의 유혹을 물리쳤는데, 억울하게 누명을 쓰고 감옥 생활을 해야만 했다. 그러나 요셉은 하나님이 주신 꿈을 가졌기에 그 많은 고난과 역경을 이겨 낼 수 있었다.

하나님이 주신 꿈이 분명하면 유혹을 이겨 낼 수 있다. 내 힘으로는 고난과 역경을 극복할 수 없고, 세상의 물질과 명예의 꾐에 빠지지 않을 수 없다. 그러나 하나님이 주신 꿈이 분명하면 그 꿈 때문에 고난을 이겨 낼 수 있고, 세상의 유혹도 이겨 낼 수 있다. 청년들이 쉽게 절망하고, 유혹에 넘어지며, 방황 가운데 향락을 추구하는 이유가 무엇인가? 꿈이 없기 때문이다. 선한 싸움을 싸우고 달려가야 할 인생의 푯대가 없기 때문이다.

그러므로 자녀들에게 "착하고 선한 사람이 되어라", "죄를 짓지 말라", "술과 담배를 가까이하지 말고, 음란을 피하라"라고 일방적으로 명령하고 지시하는 것은 반항심만 불러일으킬 뿐이다. 청년들에게는 하나님이 주신 꿈을 갖게 하는 것이 더 중요하다.

> 그들이 평온함으로 말미암아 기뻐하는 중에 여호와께서 그들이 바라는 항구로 인도하시는도다 _시 107:30

"바라는 항구"는 곧 '소원의 항구'를 말한다. 소원의 항구란 미래적 관점에서 보면 장차 당신이 들어가야 할 영원한 천국을 가리킨다. 역사적인 관점에서 보면 바벨론에 포로로 끌려갔던 백성이 예루살렘으로 돌아오는 것이다. 그러나 오늘 당신에게 있어 소원의 항구는 곧 비전의 항구를 뜻한다. 고대 철학자 세네카는 "인생은 항해다"라는 말을 남겼다. 인생에 언제나 순풍만 있는 건 아니다. 거친 파도와 싸워야 할 때도 있다. 시편 107편에서도 소원의 항구, 비전의 항구에 이르기 전까지 광풍을 만나기도 했다.

> 광풍이 일어나 바다 물결을 일으키는도다 _시 107:25b

고난과 역경으로 인해 취한 자처럼 비틀거리고, 모든 지각이 혼돈 속에 빠져들 때도 있었다.

> 그들이 이리저리 구르며 취한 자 같이 비틀거리니 그들의 모든 지각이 혼돈 속에 빠지는도다 _시 107:27

인생이 너무 힘들어 술에 취한 사람처럼 비틀거렸다고 말한다. 모든 지각이 혼돈 속에 빠져들었다는 것은 아무리 생각해도 이해가 안 되는 일이 일어났다는 것이다. 하나님이 주신 마음의 소원을 따라 사는 당신의 인생에도 이런 일이 있다. 시인은 이 상황 속에서 절망하지 않고, 포기하지 않고, 부르짖어 기도했다.

> 그들이 그들의 고통 때문에 여호와께 부르짖으매 _시 107:28a

그러자 하나님은 그 기도를 들으시고 마침내 그들을 바라는 항구로 인도하셨다.

> 그들이 평온함으로 말미암아 기뻐하는 중에 여호와께서 그들이 바라는 항구로 인도하시는도다 _시 107:30

하나님이 주신 마음의 소원, 곧 비전을 따라 사는 인생에도 고난과 역경 같은 광풍이 있기 마련이다. 내 인생이 송두리째 흔들리고, 모든 지각이 혼돈 속에 빠져 도무지 이해되지 않을 때도 있다. 하지만 하나님이 주신 꿈을 가진 자는 포기하지 않는다. 부르짖어 기도한다. 하나님은 마침내 그들을 그들이 바라는 소원의 항구로 인도하신다!

비전이 있어야 비전의 항구로 인도함을 받는다. 비전이 없는 사람은 인생을 허비하게 된다. 헬렌 켈러는 이 세상에서 가장 불쌍한 사람은 "눈이 있어 보기는 보아도 비전이 없는 사람"이라고 했다. 내 자녀가 야망이 아닌 꿈을 갖게 해야 한다. 최고의 부모는 자식에게 정욕으로 점철된 야망이 아닌 하나님의 나라를 세워 가는 꿈을 심어 준다.

꿈과 야망은 다르다

많은 사람이 야망을 꿈으로 생각하고 있다. 꿈과 야망은 다르다. 야망은 나로부터 시작된다. 그래서 중심이 바로 '나'다. 내가 잘되는 것, 내가 높아지는 것, 내가 인정을 받는 것을 목표로 한다.

반면, 꿈은 당신 안에 소원을 두고 행하시는 하나님께로부터 주어진다. 하나님이 내게 주신 꿈은 하나님이 내게 주신 성품, 달란트, 기질과 연관되어 있다. 내가 잘할 수 있는 것, 내가 좋아하는 것과 관련 있다. 하나님이 주신 꿈의 중심은 바로 "예수 그리스도"이다. 하나님이 주신 꿈은 나의 삶에 예수 그리스도가 살아 숨 쉬는 것이며, 하나님이 주신 꿈의 최종 목적은 하나님의 하나님 되심을 드러내는 것이다.

사람들은 꿈을 정의할 때 어떤 대학이나 직장에 들어가고, 어떤 사업을 하고, 이름 있는 사람이 되는 것으로 여긴다. 엄밀하게 말하면 그것은 비전이 아니다. 이것들은 하나님이 주시는 꿈을 이루고자 하는 과정이고 목표다. 목적이 아니다. 물론 목적을 이루기 위해서 목표가 반드시 있어야 하지만, 과정과 목표를 꿈으로 생각해서는 안 된다.

요셉은 애굽의 국무총리가 되었다. 그러나 그것보다 더 중요한 내용이 있다. 그가 국무총리가 되어 하나님의 구원 역사를 이루는 중요한 통로로 쓰임 받았다는 것이다. 하나님이 내게 주신 비전은 누구처럼 살아가는 것이 아니다. 가장 나답게 사는 것이다. 비전의 사람은 다른 사람처럼 살지 않는 것에 대해 억울해하지 않는다. 비교하지 않는다.

여호수아와 갈렙은 동시대 인물이며, 동일한 업적을 남겼다. 후에 여호수아는 지도자가 되었고, 갈렙은 아무 직책도 갖지 못했다. 하지만 갈렙은 여호수아를 공격하거나 그에게

딴지 걸지 않았다. 하나님이 자신에게 주신 꿈은 지도자가 되는 것이 아니라 헤브론의 산지를 정복해 하나님의 하나님 되심을 드러내는 것임을 알았기 때문이다. 비전이 분명한 자는 남과 비교하지 않는다. 세상의 성공으로 끝나지 않는다. 그 비전을 통해 하나님의 하나님 되심을 드러낸다.

최고의 부모는 하나님이 주신 꿈을 찾게 만들어 주는 부모다. 내 자녀가 좋아하는 것, 잘할 수 있는 것이 무엇인지를 발견하게 하라! 꿈을 품으면 새로운 역사가 시작된다. 그러므로 믿는 자가 꿈을 꾸는 것은 선택이 아니라 필수다. 이것만 기억하라. 최고의 부모는 야망이 아닌 꿈을 심어 주는 부모다!

묵시가 없으면

백성이 방자히 행하거니와

율법을 지키는 자는 복이 있느니라

/ 잠 29:18 /

13장

/

가족의 사랑을
회복하라

(잠 23:22-25)

2021년 개봉된 영화 중 실화를 바탕으로 제작된 〈노웨어 스페셜〉(Nowhere Special)이라는 영화가 있다. 병으로 시한부 인생을 살아가는 아빠가 세상에 혼자 남겨질 네 살짜리 아들과의 이별을 준비하는 내용이다. 아빠 존은 홀로 아들을 키우며 창문 청소부로 일한다. 그러나 그에게 점점 죽음의 시간이 다가왔고, 그는 사랑하는 아들을 입양 보내기로 결심한다. 그래서 좋은 부모가 되어 줄 수 있는 이를 찾는 여정을 시작한다. 아들과 헤어질 준비를 하면서 아들에게 "다른 집에서 살아야 한다"라고 설득한다. 하지만 죽음이 무엇인지도 이해 못하는 어린 아들 '마이클'은 아빠와 헤어질 준비가 되어 있지 않았다. 아빠 존은 아들에게 "죽음은 슬픈 일이 아니다"라고 말해 보지만, 사랑하는 아들과의 이별에 대한 아픔으로 마음이 찢어지는 슬픔을 경험해야만 했다.

영화에서 보듯 세상 모든 사람은 누구라도 예외 없이 함께 했던 이들과 이별하는 순간을 맞게 된다. 언젠가는 나를 낳아주신 부모님과도 이별을 해야 하고, 내가 낳은 자녀들과도 이별을 해야 한다. 아내와 남편 역시 마찬가지다. 특히나 영화에서처럼 시한부 인생을 살아가는 이들은 사랑하는 가족과 함께 보낼 수 있는 시간이 많지 않다.

2014년 삼성생명보험에서 가족의 소중함을 알려 주기 위해 만든 '당신에게 남은 시간'이라는 영상이 잔잔한 감동을 준 적이 있다. 이 영상은 서울의 한 건강검진센터 진료실을 배경으로 한다. 건강검진 일주일 후, 아무것도 모른 채 검진 결과를 받기 위해 진료실을 방문한 검진자들은 뜻밖에 시한 부 선고를 받게 된다. 남은 인생이 1년 3개월, 3년 11개월, 그리고 7개월밖에 남지 않았다는 충격적인 소식을 듣게 된 것이다. 예상치 못한 결과에 검진자들은 "예?", "뭐가요?"라 며 당황하는 표정을 짓는다. 만일 당신에게 남은 시간이 1년 3개월, 3년 11개월, 아니 7개월밖에 남지 않았다면 남은 인 생을 어떻게 살아가겠는가? 가족과 함께 보낼 수 있는 시간 이 몇 개월밖에 남지 않았다면 당신은 그 시간을 어떻게 보내 겠는가?

평균 수명 85세인 시대에 지금의 나이를 빼면 남은 시간이 나온다. 그중 일하는 시간, 잠자는 시간, TV 보는 시간, 스 마트폰 보는 시간, 혼자 보내는 시간을 모두 빼고 나면 가족 과 함께 보내는 시간이 나온다. 예를 들어 지금 내가 53세라 면 85세의 평균 수명을 기준으로 32년이라는 남은 시간이 나 온다. 그 남은 시간에서 일하는 시간 10년, 잠자는 시간 9년 11개월, TV나 스마트폰 보는 시간 4년 2개월, 그 외 혼자 보 내는 시간 7년 2개월을 빼면 앞으로 가족과 함께할 시간은 9개월밖에 되지 않는다. 멀리 떨어져 있는 자녀의 경우는 불 과 며칠, 몇 시간밖에 남지 않게 된다.

다시 묻겠다. 가족과 함께할 수 있는 인생의 남은 시간, 부모님과 함께할 수 있는 인생의 남은 시간을 어떻게 살아가겠는가? 기분 내키는 대로 말하고 행동하며 살아갈 수 있겠는가? 다시 보지 않을 것처럼 미워하며 용서하지 못한 채로 살아갈 수 있겠는가? 시간은 너무나 빨리 지나간다. 순식간에 지나가 버린다. 야곱은 자신의 인생을 "안개 같다"고 말하고, 욥은 인생이 "잠깐 꿈을 꾸는 것과 같다"고 말했다. 모세 또한 "신속히 날아간다"고 했다.

> 우리의 연수가 칠십이요 강건하면 팔십이라도 그 연수의 자랑은 수고와 슬픔뿐이요 신속히 가니 우리가 날아가나이다
>
> _시 90:10

정말이지 우리 인생은 화살처럼 빠르게 지나간다. 이렇게 신속히 날아가는 우리의 짧은 인생을 어떻게 살아야 할까? 중국의《한시외전》(韓詩外傳)에 나오는 시 가운데 이런 내용이 있다.

"樹欲靜而風不止(수욕정이풍부지) 子欲養而親不待(자욕양이친부대)."

"나무는 가만히 있고자 하나 바람이 그치지 않고, 자식은 효를 다하고자 하나 부모는 기다려 주지 않는다"라는 뜻이

다. 부모님이 살아 계실 때 효도하지 않으면 후에 한(恨)이 된다는 말이다. 사람들은 부모에 대한 효도를 자꾸 뒤로 미룬다.

'직장에 들어가면, 자녀들 키우고 나면, 집이라도 한 채 마련하면, 그때 효도하겠다.'

아니다. 바로 오늘이어야 한다. 오늘 당장 과일이라도 하나 사 들고 찾아뵙길 바란다. 멀리 계신다면 오늘이 가기 전에 전화를 걸어 어떻게 지내시는지, 힘들고 어려운 일이 무엇인지 한번 여쭤 보라. 오늘 부모님이 좋아하는 음식을 만들어 대접하든지 아니면 식당에 가서 함께 음식을 들면서 애찬을 나누라. 부모님이 걸을 수 있을 때 오늘 그 손을 맞잡고 함께 걷고, 부모님의 손과 발이 더 차가워지기 전에 오늘, 그 손을 한번 주물러 드리길 바란다.

오늘이 중요하다. 우리에게 남은 시간이 그리 많지 않다. 부모를 공경하며 섬길 수 있는 시간이 그리 많지 않다. 사랑하는 가족과 함께할 수 있는 시간이 많지 않다. 사랑할 수 있는 시간이 너무나 짧다. 십계명 중 "부모를 공경하라"라는 계명이 어느 순간 나와 상관이 없는 계명이 되어 버린다.

나 역시 장인 장모님은 살아 계시지만 나를 낳아 주신 부모님이 계시지 않기 때문에 5월이 되면 마음이 참 서글퍼진다. 오늘 사랑하고, 오늘 부모를 공경하라.

이렇게 부모를 공경하라

너를 낳은 아비에게 청종하고 네 늙은 어미를 경히 여기지 말
지니라 _잠 23:22

효도는 부모를 경히 여기지 않는 것이다. 가볍게 여기지 말
라는 말이다. 늙었다고, 힘이 없다고, 배운 것이 없다고, 물려
줄 재산이 없다고 부모를 무시하지 말라는 것이다. 돈 좀 벌었
다고, 조금 배웠다고 부모를 경히 여기는 자식들이 많다. 부
모를 공경하는 것이 아니라 공격하는 자식이 있다. "돈이 있
어야 부모 대접을 받는다", "노년에 자식이나 손주 얼굴이라
도 가끔 보고 싶으면 죽을 때까지 저금통장을 쥐고 있어야 한
다"라는 말이 농담이 아니라 상식이 되어 가고 있다. 이런 말
을 들을 때마다 마음이 참 서글퍼진다. 부모는 나를 낳은 사람
이라는 사실만으로도 대접과 존경을 받아야 마땅하다.

이 말씀의 문맥을 보면 "청종하고"와 "경히 여기지 말라"
는 말씀이 동일한 뜻이라는 걸 알 수 있다. 부모를 경히 여기
지 않는 것은 곧 부모의 말씀을 잘 청종하는 것이다. 부모를
공경하는 것은 부모의 말씀을 듣는 것에서 시작된다. 나이가
들수록 하고 싶은 말이 많다.

우리 아버지도 살아 계실 때 오랜만에 집에 오시면 참 많

은 말씀을 하셨다. 내가 출근하고 없는 동안 부엌까지 들어오서서 며느리에게 말을 거셨다고 한다. 들어 보면 새로운 이야기가 아니라, 예전에 했던 이야기인데도 아주 신명나게 말을 하셨단다. 고맙게도 아내는 그 말을 잘 들어 주었다. 오늘 내가 부모님의 음성을 들을 수 있다는 사실이 축복이다. 돌아가시면 그 음성도 들을 수 없게 된다. 그러니 부모님이 말씀하시면 감사하면서 들으라.

듣는 것이 힘들고 어렵지만, 부모님의 말씀에 귀를 기울이라. 틀리다고 무시하지 말고 진지하게 들어야 한다. 말도 안 되는 소리라고 핀잔하지 말고, 그냥 들어 주길 바란다. 시대에 뒤떨어진 말이라도 경히 여기지 말고 진지하게, 넋두리도, 푸념도 좀 들어 주어야 한다. 들어 줌이 효의 시작이다. 아무리 용돈을 많이 드리고, 좋은 환경 가운데 거하시게 할지라도, 부모의 말을 청종하지 않고 경히 여기면 그것은 효도가 아니다. 청종은 잘 듣고 순종하는 것이다. 사도 바울은 부모에게 순종하는 것을 "이것이 옳으니라"라고 했다.

자녀들아 주 안에서 너희 부모에게 순종하라 이것이 옳으니라
_엡 6:1

인간으로서 마땅히 해야 할 도리라는 것이다. 부모님이 나

에게 좋은 환경을 만들어 주지 못했고, 마음 놓고 공부할 수 있도록 도움을 주지 못하였을지라도 부모에게 순종하는 것은 하나님 보시기에 너무나 합당하고 옳은 일이다.

　여성 포털사이트 이지데이(ezday.co.kr)의 리서치 코너에서 부모의 죽음과 관련된 설문조사 결과를 발표한 적이 있다. 부모님이 돌아가시고 난 후 가장 후회되는 일이 무엇이냐는 물음에 "부모님의 마음에 상처를 준 불효"라는 답변이 가장 압도적이었다. 그 다음은 "말씀하실 때 귀 기울여 듣지 못한 것", "결혼 실패로 죽고 싶다는 말을 자주 한 것"이라고 대답했다. 이어서 "전화와 방문을 자주 하지 못했던 일, 사랑한다는 말을 자주 하지 못한 것, 자식의 도리를 다하지 못한 것"을 후회되는 일로 꼽았다. 부모님이 살아 계실 때 청종함으로 부모를 공경하자.

> 진리를 사되 팔지는 말며 지혜와 훈계와 명철도 그리할지니라
> _잠 23:23

'진리를 사되 팔지는 말라'는 말은 진리를 소중히 여기라는 말이다. '진리를 산다'는 말은 진리대로 사는 것을 말한다. 진리는 변하지 않는다. 변하지 않는 것은 오직 예수 그리스도이시다. 예수님은 "내가 곧 길이요 진리요 생명이니"(요 14:6)

라고 말씀하셨다.

부모님의 고생을 알아주는 것도 중요하고, 효도 관광시켜 드리는 것도 좋지만 그것이 효도의 본질은 아니다. 그보다 더 중요한 것은 진리를 소중히 여기고, 진리 가운데 사는 것이다. 그러니 자녀로서 마땅히 말씀을 소중히 여기고, 그 말씀 가운데 살아가길 바란다.

> 내가 내 자녀들이 진리 안에서 행한다 함을 듣는 것보다 더 기쁜 일이 없도다 _요삼 1:4

믿음의 부모는 내 자녀들이 진리를 소중히 여기며 그 진리 가운데 사는 것을 볼 때 가장 기쁜 법이다. 그보다 더 큰 즐거움은 없다. 사업이 잘되어 돈을 많이 벌어도 주일을 성수하지 않는 자식을 보는 부모는 괴로울 뿐이다. 경제적으로는 좀 어려워도 진실하게 살고 말씀대로 살려고 몸부림치는 모습을 보면 부모는 그 자녀로 인하여 즐거워하게 된다.

성경은 "네 부모를 즐겁게 하며 너를 낳은 어미를 기쁘게 하라"(잠 23:25)라고 말하고 있다. 또한 "미련한 아들은 그 아비의 근심이 되고 그 어미의 고통이 되느니라"(잠 17:25)라고 기록하고 있다. 일류 대학을 나와도 부모의 마음에 근심을 심어 주고, 고통을 안겨 주는 자식은 미련한 자식이다.

부모 공경은 나를 낳아 주시고, 길러 주신 부모를 기쁘게 해 드리는 것이다. 자녀들이 서로 사랑하며, 화목하게 잘 사는 것이 부모를 기쁘게 해 드리는 것이다. 조건 좋은 사람을 만났지만 허구한 날 투견 부부처럼 보기만 하면 으르렁거리며 싸운다면 그것은 곧 부모의 마음에 근심을 주는 일이다. 결혼했으면 화목하게 살아야 한다.

부모님 앞에서 돈 없다는 소리를 해서는 안 된다. 자식은 예사롭게 한 말일지 몰라도 그 부모는 밤에 잠을 이루지 못한다. 그것이 부모의 마음이다. 없어도 있는 것처럼 살아야 한다. 사람은 자기의 입에서 나오는 말대로 되는 법이다. 부모의 마음을 기쁘게 해 드리는 자녀가 되어야 한다. 형제간에 화목하고 우애하며 잘 살아야 한다. 반대로 형제간에 원수를 맺고, 왕래도 하지 않은 채 살아간다면 부모의 마음이 얼마나 아프겠는가? 서로 양보하고, 희생하고, 섬기며, 서로 사랑하고, 화목하며 살아가기를 바란다.

아버지와 어머니는 '얼마나 많이 배우셨느냐, 얼마나 많은 유산을 남겨 주셨느냐'와 상관없이 존경과 공경을 받아야 마땅하다. 싫든 좋든 부모님이 계시지 않았다면 오늘의 당신은 존재하지 못했다. 부모는 당신에게 생명의 은인이다. 그 부모가 핏덩어리인 당신을 오늘의 당신으로 양육하셨다. 혹 부모의 형편이 좋지 못해 자식이 원하는 대로 다 해 주지 못했을지라도 감사해야 한다. 평생 갚아도 갚을 수 없는 것이 낳아 주시고 길러 주신 부모님의 은혜다. 자식은 부모님께 언제나 사랑하는 마음을 가지고 살아야 한다. 그 고마움을 입술로 고백하고, 표현할 수 있어야 한다.

"저는 아버지와 어머니를 사랑합니다. 이 세상에 많은 사람이 있지만 나는 아버지와 나를 위해 모든 것을 희생하신 어머니를 가장 존경합니다."

어떤 목사님은 "가정의 달에 부모님께 꼭 감사패를 만들어서 드리라"라는 설교를 했다. 참 좋은 의견이다. 아마 감사패를 받은 부모님은 하루에도 몇 번씩 보며 감격할 것이다. 기억하라. 당신의 인생에 남은 시간이 그리 많지 않다. 사랑하는 가족과 함께할 수 있는 시간, 부모님과 함께할 수 있는 시간이 얼마 남지 않았다. 사랑할 수 있는 시간이 너무나 짧다. 그러므로 오늘 서로 사랑해야 한다. 그리고 부모를 공경해야 한다. 부모를 공경하는 것은 경히 여기지 않고, 그 말씀을 듣고 청종하는 것이다. 진리를 소중히 여기며 진리 가운데 사는 것이다. 그렇게 부모의 마음을 즐겁게 해 드리는 것이 바로 하나님을 만나는 복된 삶이다.

너를 낳은 아비에게 청종하고

네 늙은 어미를 경히 여기지 말지니라

진리를 사되 팔지는 말며 지혜와 훈계와 명철도 그리할지니라

의인의 아비는 크게 즐거울 것이요

지혜로운 자식을 낳은 자는 그로 말미암아 즐거울 것이니라

네 부모를 즐겁게 하며

너를 낳은 어미를 기쁘게 하라

/ 잠 23:22-25 /

14장

/

주의 임재를
회복하라

(시 75:1)

시편 75편은 아삽의 시다. 다윗 시대에도 '아삽'이 있었고, 또 아삽의 후손 중에도 자기 조상의 이름을 따서 아삽이라는 이름을 가진 자가 많다. 많은 학자는 이 시의 저자를 아삽의 후손 중 한 아삽이라 추측한다. 이 시는 "인도자를 따라 알다스헷에 맞춘 노래"라고 되어 있다. '알다스헷'이라는 말은 '멸망시키지 마소서', '버리지 마소서'라는 의미다. 즉 "살려 주십시오"라는 말이다. 시는 교만한 이 세상의 통치자들이 이스라엘을 멸망시키려 할 때 하나님께 자신들을 버리지 말고, 살려 달라고 말한다. 더 나아가 하나님이 세상의 교만한 자들을 심판하심으로 그들의 교만을 꺾으사 그들을 낮추어 주실 것을 소망하고 있다.

시편의 배경

> 히스기야 왕 십사년에 앗수르 왕 산헤립이 올라와서 유다의
> 모든 견고한 성을 쳐서 취하니라 _사 36:1

히스기야 왕 14년에 앗수르 왕 산헤립이 쳐들어왔다. 그들은 대부분의 성을 취했고, 이제 예루살렘성만 남아 있었다. 이때 앗수르 왕 산헤립이 군대를 보내 예루살렘을 에워싸고,

랍사게라는 군대 장관을 보내 하나님의 이름을 모독하고 히스기야 왕과 이스라엘 백성을 능욕하기 시작했다. 협상 대표 격인 엘리아김과 셉나와 요아는 앗수르의 군대장관 랍사게에게 소리쳤다.

> 백성이 듣는 데에서 우리에게 유다 방언으로 말하지 마소서
>
> _사 36:11

즉, 히브리 말로 하지 말고 아람 방언으로 말해 달라고 요구한 것이다. 백성의 사기가 떨어질 것을 염려했기 때문이다. 하지만 랍사게는 더 목소리를 높였다. 그는 유다 방언으로 "예루살렘 성안에 거하는 사람들이 먹을 음식과 마실 물이 없어서 대변과 소변을 먹게 될 것"이라며 위협했다. 여기에 덧대 히스기야 왕의 말을 듣지도 말고, 믿지도 말라고 했다.

> 히스기야가 너희에게 여호와를 신뢰하게 하려는 것을 따르지
> 말라 _사 36:15a

> 히스기야의 말을 듣지 말라 … 너희는 내게 항복하고 내게로
> 나아오라 _사 36:16a

랍사게가 이렇게 말한 이유가 있다. 히스기야와 백성이 여호와를 신뢰하려 했기 때문이다. 그때 히스기야가 백성에게 이렇게 외쳤다.

여호와께서 반드시 우리를 건지시리니 이 성이 앗수르 왕의
손에 넘어가지 아니하리라 _사 36:15b

사탄은 때로 랍사게와 같이 당신을 조롱하며 두려움에 떨게 한다. 거짓말로 유혹해서 세상과 타협하게 하고, 죄를 짓게 만든다. 랍사게와 같이 왕의 말을 비웃게 하고, 백성이 지도자를 불신하도록 만든다. 성도가 목회자를 불신하게 만드는 것이다.

잠잠하라

영적 전쟁에는 때론 침묵이 필요할 때가 있다. 하나님은 여리고성을 정복할 때 백성에게 행진하되 절대로 입을 열지 못하게 하셨다. 단, 마지막 순간에만 승리의 함성을 외치도록 하셨다. 지금 이 순간도 마찬가지다. 히스기야는 백성에게 잠잠할 것을 명했다.

그러나 그들이 잠잠하여 한 말도 대답하지 아니하였으니

이는 왕이 그들에게 명령하여 대답하지 말라 하였음이었더라

_사 36:21

랍사게의 이런 오만방자한 언행에도 불구하고, 성의 모든 사람은 히스기야 왕의 명령에 따라 잠잠하였다. 히스기야가 잠잠하라고 명한 이유가 무엇인가? 사람의 말에 민감하게 반응하면 분노를 표출할 수 있기 때문이다. 그리고 그보다 더 중요한 것은 하나님의 음성을 듣지 못할 수 있기 때문이다. 입을 열어 반응하다 보면 분명 "랍사게의 말도 다 틀린 말은 아니야. 어떤 부분은 우리가 귀담아들을 필요가 있어"라고 말하는 사람도 있을 것이고, 그 말에 흔들려 하나님을 온전히 신뢰할 수 없는 사람이 나오기도 할 것이다.

이때 엘리아김과 셉나와 요아가 낙심이 되어 자기의 옷을 찢었다. 그리고 히스기야에게 나아가서 랍사게의 말을 전했다. 그 말을 들은 히스기야는 "자기의 옷을 찢고 굵은 베 옷을 입고 여호와의 전으로"(사 37:1) 갔다.

여호와의 전에 올라가 여호와께 기도하다

중요한 것은 히스기야 왕이 여호와의 전으로 나아갔다는 것이다. 그는 앗수르 왕의 최후통첩 앞에서 인간적인 수단과 방법을 의지하지 않았다. 가장 먼저 하나님께 나아가 기도했다.

> 히스기야가 그 사자들의 손에서 글을 받아 보고 여호와의 전에 올라가서 그 글을 여호와 앞에 펴 놓고 여호와께 기도하여 이르되 _사 37:14-15

자신만 기도한 것이 아니다. 궁내 대신을 선지자 이사야에게로 보내 기도를 부탁했다.

> 당신은 이 남아 있는 자를 위하여 기도하라 하시더이다
> _사 37:4b

"남아 있는 자"라고 말한 것은 이미 이스라엘에 살던 열 지파가 앗수르에게 멸망당했고, 유다의 46개의 성읍도 점령당했기 때문이다. 이제 예루살렘만 남은 것이다. 이마저 멸망하면 하나님의 택한 백성은 뿌리가 뽑혀 버리고 만다. 그래서 남은 자들을 위해 기도해 달라고 간청한 것이다. 기도의

능력을 아는 자는 홀로 기도하지 않는다. 사도 바울도 끊임없이 자신을 위해 기도해 달라고 부탁했다. 예수님도 기도하러 가실 때는 제자들을 데리고 가셨다.

네가 앗수르 왕 산혜립 때문에 내게 기도하는 것을 내가 들었노라 _왕하 19:20b

하나님은 앗수르 왕 산혜립 때문에 기도하는 것을 들었다고 하셨다. 하나님은 내가 누구 때문에 기도하는지도 알고 계신다.

이 밤에 여호와의 사자가 나와서 앗수르 진영에서 군사 십팔만 오천 명을 친지라 아침에 일찍이 일어나 보니 다 송장이 되었더라 _왕하 19:35

하루아침에 하나님의 천사가 나타나 18만 5천 명을 치셨다. 이렇게 하나님의 도우심으로 큰 승리를 경험한 후, 놀라운 승리를 주신 하나님께 감사하면서 이 시를 쓴 것이다.

주께 감사하고 감사함은

시편 75편은 "감사하고 감사함은"으로 시작된다.

> 하나님이여 우리가 주께 감사하고 감사함은 주의 이름이 가까
> 움이라 사람들이 주의 기이한 일들을 전파하나이다 _시 75:1

얼마나 감격했던 것일까? 시인은 감사를 반복해 말하고 있
다. 사실 히스기야 왕과 유다 백성은 독 안에 든 쥐와 같은 상
태에 있었다. 도무지 실마리를 풀 수 없는 답답한 상황에서
'우리는 완전히 망했다. 이제 우리는 죽었다'고 생각하고 있
었다. 그런데 이게 웬일인가? 아침에 일어나 보니 하나님께
서 완전한 승리를 주신 것이다. 역전의 은혜를 허락하신 것
이다. 그러니 감사하고 또 감사하지 않을 수 있겠는가?

당신도 이처럼 하나님께서 베푸신 은혜에 감사하고 또 감
사해야 한다. 큰 전쟁에서 승리한 때만이 아니다. 당신의 생
활 속 작은 것들에 대해서도 감사할 수 있어야 한다. 우리는
일상의 모든 것을 당연한 것으로 생각한다. 걷고, 말하고, 보
고, 먹고, 소화하고, 찬양할 수 있는 것 등 말이다. 하나님이
허락하신 이 작고 평범한 일상을 한없이 감격하며 감사하는
마음으로 살아야 한다. 성경은 "범사에 감사하라"라고 가르

친다. 작은 감사는 더 큰 감사를 만들어 내는 기적이 있다. 감사할 때 더욱 감사의 조건이 풍성해진다.

본문에서 시인은 자신이 지금 감사하는 이유에 대해 말하고 있다. '이름'은 그분의 인격과 사역을 함의한다. 주님이 행하신 놀라운 일들로 말미암아 하나님의 임재를 가까이 느끼게 되었음을 말한다. "주의 이름이 가깝다"라는 말은 '주님이 내 옆에 계신다. 전능하신 하나님이 가까이 계심을 깨달았다'는 것이다.

하나님의 사람에게 있어 가장 큰 행복이 무엇인가? 하나님의 임재 속에서 주님의 어루만지심을 경험하는 것이다. 하나님의 임재를 통해 하나님께서 행하시는 일을 보는 것이다.

하나님의 임재의 축복

하나님이여 우리가 주께 감사하고 감사함은 주의 이름이 가까움이라 사람들이 주의 기이한 일들을 전파하나이다 _시 75:1

하나님의 임재와 역사는 언제나 함께 이루어진다. 하나님이 임재하시면 그곳에는 하나님의 음성이 있고, 하나님께서 행하시는 일이 있다. 하나님이 임재하시면 그곳에 하나님의 나라가 임하고, 빛 되신 주님이 임하시면 어둠이 떠나간다. 하나님이 임재하시면 치료의 광선이 나타나 고침을 받고, 평강의 주님이 임재하시면 두려움이 사라진다.

그러므로 사람들은 주의 기이한 일들을 전파하게 된다. 인간의 이성과 상식으로는 설명할 수 없는 일들이 일어나고, 하나님께서 행하신 일들을 다른 사람들과 나누게 된다. 성도의 진정한 교제는 받은 은혜를 나누는 것이다. 하나님의 임재를 사모하고, 그 임재 속에 살았던 인물이 있다. 다윗이다.

> 내가 여호와께 아뢰되 주는 나의 주님이시오니 주밖에는 나의 복이 없다 하였나이다 _시 16:2

> 내 영혼이 여호와께 고백합니다. "주는 내 주시니 주를 떠나서는 어디에도 내 행복이 없습니다." _우리말성경

주의 임재를 경험하지 않고서는 할 수 없는 고백이다. 생각해 보라. 다윗이 왕으로서 누릴 수 있는 좋은 것들이 얼마나 많았는가? 그러나 다윗은 그것들이 진정한 복이 아님을 알았다.

내가 여호와를 항상 내 앞에 모심이여 그가 나의 오른쪽에 계
시므로 내가 흔들리지 아니하리로다 _시 16:8

그는 "수 밖에는 나의 복이 없다"(시 16:2b)라고 믿었기에 언제나 하나님을 내 앞에 모시고 살았고, 그 결과 흔들리지 않게 되었다고 고백한다. 바꿔 말하면 우리가 흔들리는 것은 주님을 내 앞에 모시고 살지 않기 때문이다. 하나님의 임재 속에 살지 않기 때문이다. 하나님의 임재가 없는 신앙생활을 하면 나에게 일어나는 문제가 커 보인다. 그래서 늘 두렵다. 많은 사람이 예수를 처음 믿은 그때는 정말 행복하고 좋았다고 말한다. 그런데 시간이 갈수록 지루하고 따분해진다는 것이다. 일평생 하나님과 동행했던 다윗은 고백한다.

주께서 내 원수의 목전에서 내게 상을 차려 주시고 기름을 내 머리에 부으셨으니 내 잔이 넘치나이다 _시 23:5

신앙생활이 지루하거나 고리타분한 것은 하나님의 임재가 없기 때문이다. 《하나님의 임재 연습》이라는 책을 쓴 로렌스 형제는 평신도 수도사로서, 25년 동안 수도원 취사장에서 밥을 짓고, 반찬을 만들고, 접시 닦는 일을 했다. 단순하고 반복적인 일이지만 그는 끊임없이 하나님과 교제하며 살았다. 그

는 이렇게 말했다.

"신앙생활이 따분하고, 어리석고, 졸린 것이라 생각하는 사람은 하나님 앞에서 가증한 사람이고, 하나님을 모독하는 것이다. 일하는 동안 나는 항상 주님이 마치 나와 함께 계시는 것처럼 주님께 계속 말을 하곤 했으며, 주님께 나의 일을 바치고 도와주심에 대해 감사를 드렸다. 그리고 일이 끝났을 때는 그것을 조심스럽게 점검하곤 했다. 만일 잘한 일이 발견되면 하나님께 감사하고, 잘못을 발견하면 낙심하지 않고, 주님의 용서를 구하고 난 후 주님 속에 거하면서 일을 계속했다."

하나님의 임재의 축복을 경험한 또 다른 사람은 오벧에돔이다. 오벧에돔은 언약궤를 통해 그 축복을 누렸다. 언약궤는 하나님의 임재를 상징한다. 눈에 보이지 않는 영이신 하나님이 '지금 내가 너를 만나고, 너와 함께하고 있음'을 가시적으로 보여 주는 것이 바로 언약궤다.

언약궤를 소재로 하는 〈레이더스〉(Raiders Of The Lost Ark)라는 영화가 있다. 제2차 세계대전 때 독일의 나치 군대가 성경에 나오는 하나님의 법궤를 고고학자들의 정보에 의해 찾는 내용이다. 언약궤를 앞세워 승리한 이스라엘 민족의 선례를 좇아 독일 군대는 하나님의 언약궤를 앞세우면 전 세계를 지배할 수 있다고 생각했다.

언약궤는 이렇게 하나님의 임재를 상징한다. 언약궤를 메던 제사장의 발이 요단 강물에 잠길 때 강물이 갈라졌고, 언약궤를 메고 여리고 성을 돈 후 승리의 함성을 외칠 때 여리고 성벽이 무너졌다. 그러나 블레셋과의 전쟁에서는 언약궤를 동원했지만 패배하고, 언약궤마저 빼앗겨 버렸다. 하지만 언약궤로 인해 다곤의 신상이 부서지고, 독종이 생김으로 언약궤는 다시 벧세메스로 돌아왔다.

왕이 된 다윗이 가장 먼저 한 일은 언약궤를 예루살렘으로 모시고 오는 것이었다. 그런데 아비나답의 집에 있는 언약궤를 수레에 싣고 옮기려다가 소들이 날뛰게 되었다. 그때 웃사가 언약궤를 붙잡았는데 하나님께서 진노하사 그는 죽임을 당했다. 그래서 임시로 오벧에돔의 집에 석 달 동안 머무르게 되었다.

여호와의 궤가 가드 사람 오벧에돔의 집에 석 달 있었는데
여호와께서 오벧에돔과 그의 온 집에 복을 주시니라 _삼하 6:11

오벧에돔에게는 8명의 아들이 있었다. 그가 많은 자녀를 품는 복을 누린 이유가 무엇인가? 하나님이 그에게 복을 주셨기 때문이다.

여섯째 암미엘과 일곱째 잇사갈과 여덟째 브울래대이니 이는

하나님이 오벧에돔에게 복을 주셨음이라 _대상 26:5

역대상 26장 4-8절은 62명의 자손이 하나님의 집에서 봉사하는 가문이 되었음을 기록하고 있다.

이는 다 오벧에돔의 자손이라 그들과 그의 아들들과 그의 형제들은 다 능력이 있어 그 직무를 잘하는 자이니 오벧에돔에게서 난 자가 육십이 명이며 _대상 26:8

그는 많은 자녀를 낳았고, 모든 자녀가 성공적인 인생을 살았다. 자손이 잘되는 것보다 더 큰 하나님의 축복은 없다. 오벧에돔의 집이 복을 받은 이유는 단 한 가지다. 하나님의 궤가 오벧에돔의 집에서 그 권속들과 함께 석 달을 머물렀기 때문이다. 수많은 재앙을 불러일으킨 궤를 영접하기란 쉬운 일이 아니다. 하나님의 임재는 복이 되기도 하지만 어둠의 세력에게나 불신앙의 자들에게는 심판이 될 수 있다.

희망 가득한 나날들을 위하여

하나님의 임재 가운데 거하기 위해서는

그가 사모하는 영혼에게 만족을 주시며 주린 영혼에게 좋은
것으로 채워주심이로다 _시 107:9

내 영혼이 여호와의 궁정을 사모하여 쇠약함이여 내 마음과
육체가 살아 계시는 하나님께 부르짖나이다 _시 84:2

하나님은 사모하는 영혼을 만족하게 하시며 주린 영혼에
게 좋은 것으로 채워 주시는 분이다. 그러니 목마른 사슴이
시냇물을 찾기에 갈급함 같이 하나님의 임재를 사모해야 한
다. 그러기 위해서는 기도해야 한다.

주의 날에 내가 성령에 감동되어 내 뒤에서 나는 나팔 소리 같
은 큰 음성을 들으니 _계 1:10

사도 요한이 주의 날에 들었던 주님의 음성은 세미한 음성
이 아니었다. 나팔 소리와 같은 큰 음성이었다. 어떤 이는 '계
시 동굴'의 천정에 삼등분으로 갈라져 있는 굵은 선을 두고,
사도 요한이 하나님의 계시를 받을 때 천정이 삼등분으로 갈
라졌다고 말하기도 한다.

우리 하나님 여호와께서 우리가 그에게 기도할 때마다 우리에게 가까이 하심과 같이 그 신이 가까이 함을 얻은 큰 나라가 어디 있느냐 _신 4:7

하나님과 가까이하는 것이 바로 기도다. 그러나 기도하지 않으면 하나님과의 관계는 멀어지게 된다.

하나님을 가까이하라 그리하면 너희를 가까이하시리라 _약 4:8a

하나님께 가까이 함이 내게 복이라 _시 73:28a

기도는 하나님의 임재를 구체적으로 경험할 수 있게 한다. 그러므로 주의 임재를 경험하길 원한다면 오늘 기도의 무릎을 꿇으라!

15장

/

첫사랑을 회복하라

(계 2:1-6)

에베소 교회의 사자에게 편지하라 오른손에 있는 일곱 별을
붙잡고 일곱 금 촛대 사이를 거니시는 이가 이르시되 _계 2:1

   일곱 별을 붙잡고, 일곱 금 촛대 사이를 거니시는 예수님
은 먼저 에베소 교회를 칭찬하셨다. 에베소 교회를 향한 주
님의 칭찬은 "내가 안다"이다. 인생을 살다 보면 누군가 내
마음을 알아주는 것만으로도 위로가 될 때가 있다. 남편이
내 마음을 알아주고, 자식이 내 마음을 알아주고, 직장 동료와
상사가 힘들어하는 내 마음에 공감해 주고, 그것을 알아준다면
그것만으로도 위로가 되고 힘이 된다. 주님께서 에베소 교회
를 향해 "내가 안다"라고 말씀하신 것처럼 말이다.

   내가 네 행위와 수고와 네 인내를 알고 _계 2:2a

   에베소 교회는 로마 황제 숭배로 인한 핍박 속에서도 여
러 행위와 수고와 인내를 보여 주었다. 또한 말뿐인 교회가
아닌 실천이 있는 교회, 행함이 있는 교회였다. 에베소 교회
는 사도 바울이 개척한 교회로, 40년 동안 대내외적으로 많
은 박해와 유혹을 받으면서도 복음의 진리를 지켜왔다. 주님
은 에베소 교회 성도를 향해 "네 행위와 수고를 안다"라고 말
씀하셨다. 주님은 우리의 희생과 수고를 다 아신다. 사도 바

울은 고린도 교회 성도에게 "항상 주의 일에 더욱 힘쓰는 자들이 되라 이는 너희 수고가 주 안에서 헛되지 않은 줄 앎이라"(고전 15:58b)라고 했다.

한 교회가 교회로서의 사명을 감당하려면 많은 성도의 수고와 희생이 있어야 한다. 성도의 수고와 희생이 없이는 주님이 맡기신 교회로서 시대적 사명을 감당할 수 없다. 오류교회도 마찬가지다. 개척부터 현재까지 얼마나 많은 성도의 섬김과 노고가 있었는지 모른다. 정말 어려울 때 마음을 함께하며 동고동락했던 분들이 많다. 밤마다 새벽마다 때로는 금식하며 뜨겁게 기도했던 많은 성도가 있었다. 기도뿐 아니라 물질로 선교사님들을 후원하고, 주님의 마음을 품고 선교지에 나아가 복음을 전하고, 봉사했던 많은 성도가 있었다. 다음세대를 일으키는 꿈미 사역과 한국교회의 연합과 부흥을 위한 다니엘 기도회를 위해 얼마나 많은 분이 수고와 헌신을 아끼지 않았는지 모른다. 지금도 많은 성도가 교사와 소그룹의 리더로, 안내와 주차 위원으로 주님이 주신 거룩한 비전을 이루어 가는 일에 수고와 희생을 아끼지 않고 있다. 그분들에게 주님이 말씀하신다.

"내가 안다. 네가 얼마나 수고하고 희생하였는지를…."

나의 수고와 헌신을 아무도 알아주지 않을 때는 시험에 들기도 한다. 특히 가까이 있는 이가 몰라주면 섭섭하고, 마음이 상한다. 그러나 기억하라. 사람은 몰라줘도 주님은 아신다. 주님은 당신의 수고와 희생과 헌신을 아신다. 그러니 절대 낙심하지 마라. 사람들은 몰라도 주님이 아시면 된다.

에베소 교회는 숱한 박해를 받아왔지만 그래도 잘 견뎌 냈다. 복음의 진리를 사수하는 것이 쉽지 않았지만 그들은 주님께만 소망을 두며, 참고 인내했다. 그리고 교회를 교회 되게 하는 일을 게을리하지 않았다. 치열한 영적 전쟁을 치르는 일에도 게으르지 않았다. 열심을 품고 주를 섬겼다. 그들은 손님이나 구경꾼처럼 주변부를 맴도는 것으로 신앙생활을 하지 않았다.

> 또 네가 참고 내 이름을 위하여 견디고 게으르지 아니한 것을
> 아노라 _계 2:3

그들이 참고, 견디고, 게으르지 않았던 것은 예수님의 이름 때문이다. 예수님의 영광을 위해서다. 에베소 교회 성도는 예수님의 명예를 손상시키지 않기 위해 최선을 다해 선한 싸움을 싸우고, 달려갈 길을 갔다.

신앙생활을 하다 보면 여러 고난을 겪기도 한다. 예수님 때문에 손해를 보거나 왕따를 당하고, 주변 이들에게 무시를 당할 때도 있다. 부부싸움을 하고 싶어도 예수님 때문에 참

을 때도 있다. 어떤 성도는 교회 공동체를 섬기는 일이 너무 힘들어 올해까지만 봉사를 해야지 마음 먹었다가 나를 구원하기 위해 생명까지 내어 주신 주님을 생각하며 계속 사역을 감당할 때가 있다. 에베소 교회 성도 역시 그렇게 예수님을 생각하며 참고, 인내해 왔다. 예수님을 생각하며 다시 십자가를 지고, 열심을 품고, 주님을 섬긴 것이다.

에베소 교회를 향한 예수님의 첫 번째 칭찬은 "네 행위와 수고와 인내를 안다"는 것이었다. 교회를 위해 흘리는 땀방울과 눈물과 희생과 헌신을, 자존심이 상해도 참고, 게으르지 않고 최선을 다하는 당신의 모습을 주님은 아신다.

또 예수님께서 에베소 교회를 칭찬하시면서 "내가 안다"라고 말씀하셨던 이유는 그들이 악한 자를 용납하지 않고 거짓 사도를 드러낸 것 때문이다.

> 또 악한 자들을 용납하지 아니한 것과 자칭 사도라 하되 아닌 자들을 시험하여 그의 거짓된 것을 네가 드러낸 것과 _계 2:2b

에베소 교회 성도는 악한 자들을 용납하지 않았다. 그들은 율법을 무시하고 도덕성이 결여된 자들이었다. 이를테면 우상숭배나 음행, 토색과 같은 비윤리적인 범죄를 아무런 거리낌도 없이 자행했다. 에베소 교회는 그런 자들이 교회 안에 침투하는 것을 용납하지 않았다. 더 나아가 자칭 사도라 하는 자들의 거짓을 드러냈다. 당시에는 오늘날처럼 체계화된 교리가 없었다. 그러므로 사도들이 선포하는 말씀이 바로 하나님의 말씀이었다. 그러다 보니 많은 거짓 사도가 나타나 거짓된 말씀을 선포하기에 이르렀다. 이런 거짓 사도들은 데살로니가 교회, 갈라디아 교회에도 있었다. 이런 거짓 사도들의 잘못된 가르침 때문에 교회가 어려움을 많이 겪었다.

에베소 교회는 자칭 사도라 하는 자들을 시험하여 그들의 거짓을 드러냈다. 그들은 이미 사도 바울을 통해 분명한 복음의 가르침을 받았고, 이후 신실한 디모데와 사도 요한의 가르침을 받아 복음의 진리에 굳게 서 있었다. 이렇게 에베소 교회에는 교회의 순수성을 위한 몸부림이 있었다. 주님은 이를 칭찬하신 것이다.

또 에베소 교회가 칭찬을 받은 이유는 니골라당의 행위를 미워한 것 때문이다.

오직 네게 이것이 있으니 네가 니골라 당의 행위를 미워하는 도다 나도 이것을 미워하노라 _계 2:6

당시 니골라당은 "지금은 복음 시대이기 때문에 율법을 지킬 필요가 없다. 육은 더럽고 악하며, 영은 선하기 때문에 에수를 믿고 난 다음에는 무슨 행동을 해도 죄가 되지 않는다"
라고 가르쳤다. 니골라당의 말을 들어 보라. 그럼 세상에 나
가서 죄를 지어도 마음이 편안해진다. 육신은 어차피 악하므
로 버림을 받게 되는 것이고, 영혼만 구원을 받으면 되는 것
이기 때문이다.

그러나 에베소 교회는 니골라당의 행위를 미워하였다. 영
과 육을 구별하여 이원론적 사고를 갖는 영지주의의 가르침
은 하나님의 뜻이 아니기 때문이다. 주님도 "나도 이것을 미
워하노라"라고 말씀하셨다. 에베소 교회는 주님이 미워하시
는 것을 미워하였던 것이다.

에베소 교회에 대한 책망

에베소 교회를 칭찬하신 주님은 책망의 말씀도 함께 주셨다.

그러나 너를 책망할 것이 있나니 너의 처음 사랑을 버렸느니라

_계 2:4

사람과의 관계에도 첫사랑이 있듯이 주님을 만난 사람에
게도 첫사랑이 있다. 에베소 교회 성도 역시 복음을 듣고 주

님을 영접했을 때 주님에 대한 뜨거운 사랑이 있었다. 주님에 대한 그 뜨거운 사랑으로 시간 가는 줄 모르고 예배를 드렸다. 그 사랑으로 봉사도 하며, 핍박도 견뎌 냈다. 그런데 시간이 흐르면서 주님에 대한 첫사랑을 버렸다. 여전히 선한 일들을 하고 있고, 핍박 가운데서도 인내하며, 이단과 싸움도 잘하고 있는데 주님에 대한 처음 사랑이 없어진 것이다.

당신에게도 주님에 대한 뜨거운 첫사랑의 순간이 있었을 것이다. 내게 일어난 일들에 대해 주님의 안아 주심과 위로하심의 은혜에 젖어 눈물을 흘리고, 길을 걷다가도 나를 위해 십자가에 달려 죽으신 주님 생각에 눈물을 흘렸던 시간이 있었을 것이다. 그저 주님이라는 말 한마디에 눈시울이 뜨거워지고, 흐르는 눈물을 남모르게 훔친 적도 있었을 것이다.

우리에게는 분명 나 같은 죄인을 사랑하사 구원해 주신 그 주님의 은혜와 사랑 때문에 가슴이 터지도록 "주님 사랑합니다. 주님 사랑해요"를 반복적으로 외치며 시간 가는 줄 모르고 기도했던 시간이 있었다. 예배당에 들어오는 순간부터 주님의 임재가 느껴지고 예배 시간 내내 주님의 안아 주심에 감사하며 눈물만 흘리다 돌아간 적도 있었다. 찬양을 부를 때마다 그 가사가 나의 신앙 고백이 되고, 선포되는 말씀 앞에 가슴을 치며 통곡한 적이 있었다.

그런데 어느 순간 주님에 대한 첫사랑이 사라져 버렸다.

에베소 교회 성도처럼 여전히 교회에 나와 예배를 드리고, 선한 일도 행하며, 이단과의 싸움도 잘하고 있는데 신앙생활에 가장 중요한 주님에 대한 첫사랑을 잃어버렸다. 그런 당신을 주님은 책망하시는 것이다.

> 그러나 너를 책망할 것이 있나니 너의 처음 사랑을 버렸느니라
> _계 2:4

이 말씀은 단순한 책망이 아니다. 다시 처음 사랑을 회복하라는 것이다. 주님에 대한 사랑이 신앙생활의 동기가 되기 때문이다. 주님에 대한 사랑이 식으면 감사가 사라지고, 끊임없이 계산만 하게 된다. 오늘도 예배의 자리에 나아온 이유가 무엇인가? 교사나 성가대, 소그룹 리더 등을 섬기는 이유는 무엇인가? 주님을 사랑하기 때문이다. 부활하신 예수님이 사명을 잃어버리고 고향으로 돌아가 고기를 잡고 있던 베드로를 찾아가 "네가 나를 사랑하느냐"라고 물으신 이유도 그것이다. 그 처음 사랑을 회복할 때 우리는 주님 안에서 완전한 자유를 얻게 되고, 예수 그리스도를 따라 순종함으로 주님의 거룩한 사역을 감당할 수 있게 된다.

이렇게 처음 사랑을 회복하라

예수님은 책망만 하지 않으시고 처방을 내려 주셨다. 처음 사랑을 회복하는 첫 단계는 어디서 떨어졌는지를 '생각'하는 것이다.

> 그러므로 어디서 떨어졌는지를 생각하고 _계 2:5a

첫사랑이 식는 것에는 이유가 있다. 이유 없이 사랑이 식지 않는다. 보통은 시간이 가고, 세월이 흐르면서 자연스럽게 사랑이 식는다. 미국의 잡지 〈라이프〉(Life)에 '사랑의 과학'이라는 논문이 실렸다. 처음 사랑, 즉 다시 말해서 '정말 저 사람 없이는 내가 살지 못할 것 같은 순간'이 얼마나 가는지 과학적으로 연구했는데 그 결과는 18개월이었다. 생각보다 짧다.

사람들은 시간이 가고 세월이 흐르면 처음 사랑이 식는다고 말한다. 그러나 자세히 들여다보면 다른 이유가 있음을 알게 된다. 생각해 보라. 말 한마디에 뜨거운 가슴이 얼음장처럼 차가운 가슴이 되기도 한다. "입술의 30초가 가슴의 30년이 된다"는 말이 있다. 남편의 외도와 폭언, 무관심과 거짓말, 아내의 과소비와 음주, '시월드'에 대한 차별 등 사랑이 식는 데는 반드시 이유가 존재한다.

주님에 대한 처음 사랑이 식는 데도 이유가 있다. 주님은 에베소 교회 성도에게 어디서 사랑이 떨어졌는지를 생각해 보라 하신다. 내가 어디서부터 첫사랑이 식었는지, 내가 언제부터 신앙이 변질되기 시작했는지 찾아보라는 것이다.

처음 사랑을 버린 두 가지 이유

에베소는 소아시아 지방의 제일가는 항구 도시이자 금융의 도시였다. 그러다 보니 사람들이 경제적으로 풍요로웠고, 향락 산업의 발달로 많은 유혹이 있었다. 에베소 교회만이 아니라 오늘 당신의 인생도 마찬가지다. 가난하고 힘들고 어려울 때는 주님만 의지하며 살아간다. 주님 없이는 살 수 없다며, 주님만이 내 인생의 해답이라며 주님의 은혜 속에 살아가길 소망한다. 그런데 집도 장만하고, 좋은 차도 마련하는 등 먹고살만해지면 주님과 멀어진다. 예배의 자리에서 멀어진다.

에베소 교회는 신앙의 순수성을 지키기 위해 이단과의 영적 전쟁을 치렀고, 거짓 교사로 의심되는 자들을 시험하는 열정까지 보였다. 그런데 이단과의 영적 전쟁이 한편으로 다른 형제들을 향한 사랑의 마음을 식게 했다. 관찰하고, 비판하는 일에 열중하다 보니 형제에 대한 사랑과 주님에 대한 뜨거운 열정이 사라지고 말았다. 따뜻한 가슴은 사라지고, 차가운 시선만 있는 교회가 되어 버린 것이다. 교리적인 싸움에서는 승리했지만, 사랑을 잃어버렸기 때문에 냉랭한 교회가 되었다.

결국 에베소 교회는 경제적 풍요로움과 이단과의 치열한 전쟁으로 인해 처음 사랑을 버리게 되었다. 그렇다면 오늘 당신은 어디서부터 주님에 대한 첫사랑이 식었다고 생각하는가? 말씀 앞에서 생각하고 또 생각하여 처음 사랑을 잃어버린 이유를 다시 찾을 수 있기를 바란다.

그러므로 어디서 떨어졌는지를 생각하고 회개하여 _계 2:5a

처음 사랑을 버린 이유를 찾았는가? 그것을 회개하라. 사랑이 식은 원인을 발견했을 때 변명의 구실을 찾는 것은 어리석은 일이다. 누구 때문이라고 말하는 것도 핑계에 불과하다. 회개하라. 용서가 필요하면 찾아가 용서를 구하고, 끊어야 할 것이 있다면 과감히 끊어야 한다. 버려야 할 것이 있다면 과감히 버리고, 풀 것이 있다면 찾아가 풀고, 고백할 것은 고백하며, 단호하게 회개해야 한다.

그다음은 어떻게 해야 하는가? 결단함으로 처음 행위를 다시 가져야 한다.

> 그러므로 어디서 떨어졌는지를 생각하고 회개하여 처음 행위
> 를 가지라 _계 2:5a

아버지의 집을 떠났던 탕자가 자존심을 내려놓고 아버지의 집으로 돌아갔듯이 행동으로 옮기라는 것이다. 예배의 자리에서 멀어짐으로 첫사랑이 식었는가? 눈물로 뜨겁게 하나님을 예배했던 그 자리로 다시 나아와야 한다. 게임 때문에 주님에 대한 사랑이 식었다면 게임을 끊고 예배의 자리로 나와야 한다. 세상의 향락과 쾌락 때문에 처음 사랑을 잃어버렸다면 그것을 끊고 주님께 나와야 한다. 기도의 자리에서 멀어짐으로 처음 사랑을 잃어버렸다면 새벽이든 밤이든 다시 기도의 무릎을 꿇어야 한다.

네 촛대를 그 자리에서 옮기리라

> 그리하지 아니하고 회개하지 아니하면 내가 네게 가서 네 촛
> 대를 그 자리에서 옮기리라 _계 2:5b

회개를 촉구하는 주님의 말씀을 들었다면 겸손하게 무릎 꿇어야 한다. 그럼에도 완악하여 회개를 멀리하고, 처음 사랑을 회복하지 아니하면 주님은 촛대를 옮기시겠다고 말씀하신다. 하나님의 임재가 떠나감으로 그 교회를 역사 속에서 지워 버리겠다는 것이다. 터키로 성지순례를 갔을 때 에베소 교회가 역사 속으로 사라진 것을 보았다. 소아시아 일곱 교회도 마찬가지다. 역사적으로도 한 시대에 복음의 꽃을 피우며 부흥을 경험했던 교회들이 얼마나 많이 사라졌는지 모른다.

교회가 교회로서 역할을 다하지 못하면 주님께서 그 촛대를 옮기신다. 그러니 오늘 우리도 회개함으로 처음 행위를 가져야 한다. 처음 사랑을 회복해야 한다. 그 처음 사랑으로 예배를 드리고, 기도하며, 선한 일을 행하며 살아야 한다. 그것이 하나님과의 첫사랑을 회복한 인생이 걸어가야 할 믿음의 길이다.

16장

/

성령으로 충만하라

(계 1:8-11)

오래전 성도들과 성지순례를 하면서 밧모섬을 방문한 적이 있다. 지금은 관광지로 유명하지만, 로마 시대 밧모섬은 정치와 종교 중범자들의 유배지로, 한번 들어가면 살아나오기 힘든 생지옥과 같은 곳이었다. 거기에 사도 요한이 있었다.

나 요한은 ⋯ 하나님의 말씀과 예수를 증언하였음으로 말미암아 밧모라 하는 섬에 있었더니 _계 1:9

당시 로마의 11대 황제였던 도미티안은 자신을 신으로 숭배하도록 강요했다. 그것을 어기는 자들을 색출하여 엄벌에 처하겠다는 칙령을 내렸다. 기독교인들을 발본색원하여 말살하려는 의도가 다분했다. 당시 그리스도를 섬길 것인가 로마 황제를 섬길 것인가 양자택일을 해야 했을 때, 많은 그리스도인이 예수 그리스도만을 믿고 섬기기로 작정했고, 이 일로 인해 엄청난 수난을 당해야만 했다.

이때 사도 요한은 에베소에서 사역 중이었다. 그는 참 신은 오직 하나님과 예수 그리스도 한 분뿐임을 가르쳐 왔기에 당연히 황제 숭배를 거절했고, 그 결과 밧모섬으로 유배됐다. 당시 그는 90세가 넘은 고령이었다. 전승에 의하면 밧모섬이 돌산이었기에 이 섬에 끌려온 자들은 낮에는 채석장에서 돌을 깨는 일에 동원되었다고 한다. 사도 요한은 노구에도 불구하고 사망의 음침한 골짜기와 같은 밧모섬에 끌려와 강제 노역을 하며 유배 생활을 하고 있었다.

나 요한은 너희 형제

그럼에도 사도 요한은 의기소침하지 않았다. 그는 당당하게 편지의 수신자들에게 자신을 소개했다.

나 요한은 너희 형제요 _계 1:9a

그리스도의 고난에 동참하고 있는 성도에게 "나 요한은 너희 형제요"라고 말한다. 만일 요한이 고난을 두려워하여 신앙을 접었다면 이렇게 당당할 수 있었을까? 사도 요한은 대사도다. 사도 중 제일 마지막까지 살아서 하나님 말씀을 전했다. 예수님이 십자가에서 돌아가시기 직전 육신의 어머니 마리아를 부탁했던 사람이기도 하다. 최후의 만찬에서 예수님 품에 의지하여 누워 있을 만큼 예수님을 사랑했던 그다. 이런 요한이 자신을 가리켜 "너희 형제요"라며 겸손하게 표현한 것이다. '너희'는 자신과 같이 황제 숭배를 거절하여 극심한 고난 가운데 있는 그리스도인들을 지칭한다. 사도 요한이 자신을 사도라 칭하지 않고 "너희의 형제"라고 칭한 것은 자신이 함께 예수의 환난과 고난에 동참하고 있기 때문이다.

> 나 요한은 너희 형제요 예수의 환난과 나라와 참음에 동참하는 자라 _계 1:9a

　원문을 보면 '형제'와 '동참하는 자'가 하나의 관사로 묶여 있다. 예수님 때문에 환난을 받고, 하나님의 나라를 위해 고난에 동참하는 자가 고난 받는 자의 형제가 될 수 있다. 초대 교회에서 예수 그리스도의 피로 말미암아 새롭게 구성된 하나님의 권속들을 지칭하는 용어로 '형제'를 사용하기 시작했다. 그러나 예수 그리스도 안에서 진정한 형제가 되려면 형제가 당하는 고난에 동참하는 자가 되어야 한다.

　그러니 단순히 교회를 함께 다닌다고 해서 누구나 형제자매가 되는 것은 아니다. 오랫동안 순모임을 하고, 목장 모임을 하고, 소그룹 모임을 해도 예수님의 고난에 동참하거나 다른 지체가 겪고 있는 고난에 함께 참여하지 않으면 진정한 형제자매가 될 수 없다. 진정한 주님의 몸 된 공동체가 되려면 함께 그리스도의 고난에 참여하고, 다른 지체가 겪고 있는 아픔과 고난에 함께 참여해야 한다.

　얼마 전 한 정치인으로부터 들은 말이다. 부모님 장례식 때 항상 대척점에 서 있던 상대 당의 유력한 모 정치인이 조문을 왔었다. 그런데 다른 사람들은 조문만 하고 그냥 돌아가는 반면 그 정치인은 새벽까지 있어 주었다고 한다. 그 후 많은 사람이 그 정치인을 비판해도 자신은 그럴 수 없었다고 한다. 자신의 슬픔에 동참하여 주었기 때문이다.

믿음의 공동체 안에 혹은 당신이 다니는 직장 직원들 중에 어려움을 당한 사람이 있다면 고난에 함께 참여하여 슬픔을 나눠라. 그러면 이전보다 훨씬 더 마음을 터놓고 함께할 수 있는 사람이 될 것이다. 그 사람이 예수 믿는 사람이라면 그리스도 안에서 진정한 형제가 될 수 있을 것이다.

참음에 동참하는 자

자신을 향해 "너희의 형제"라고 말했던 사도 요한은 더 나아가 "예수의 환난과 나라와 참음에 동참하는 자"라고 자신을 칭한다. 예수님과 하나님의 나라를 위해 고난을 받는 자신을 "참음에 동참하는 자"라고 한 것이다. '참음'은 세상 사람들이 말하는 참음이 아니다. 보통의 참음은 화가 치밀어 오르지만 어쩔 수 없이 참는 것을 말한다. 내 힘으로는 해결할 수 없는 그 한계 상황 때문에 참는 것이다.

그러나 지금 사도 요한이 언급하는 참음은 스스로 동참하여 참는 것이다. 당시 사도 요한이나 성도는 눈 한 번 딱 감고 황제 숭배에 동참하면 얼마든지 환난과 핍박을 피할 수 있었다. 일제 강점기 때 많은 목사와 성도가 "신사참배는 우상숭배가 아닌 국민의례"라고 주장하며 신사에 절을 했던 것을 기억하는가? 그런 것처럼 황제에 대한 숭배는 우상숭배가 아니라 관습이고, 황제에 대한 예우라며 얼마든지 스스로 합리화할 수 있었다. 하나님만이 참 신이시며 예수님만이 나의 왕이라는 신앙을 포기하면 구태여 고난받지 않아도 된다.

하지만 사도 요한과 초대교회 성도는 달랐다. 그들은 예수 그리스도와 하나님의 나라를 위해 적극적이고 능동적으로 이 참음에, 이 고난에 동참했다. 자기 스스로 이 고난을 선택한 것이다. 그들은 자신들이 당한 고난 때문에 하나님을 원망하지 않았다. 초대교회 성도는 예수를 믿는다는 이유만으로 원형 경기장에 끌려가 굶주린 사자의 밥이 되고, 불에 태워 죽임을 당하기도 했다. 많은 믿음의 성도가 황제 숭배를 거절함으로 평생 카타콤과 같은 지하 묘지, 지하 동굴에 거주했다. 태어나 한 번도 바깥세상을 구경하지 못하고, 그곳에서 죽은 자들도 많다. 그러나 그들은 하나님을 원망하지 않았다. 스스로 그 고난에 동참했기 때문이다. 도리어 베드로 사도가 "그리스도의 고난에 참여하는 것으로 즐거워하라"(벧

전 4:13a)라고 했던 것처럼 그리스도의 고난에 참여하는 것을 즐거워했다.

서머나 교회의 감독이었던 폴리캅도 화형을 당하기 전에 "예수를 한 번만 부인하라"라는 요구를 받았다. 하지만 그는 다음과 같은 말을 남기고 순교했다.

"그분은 한 번도 나를 부인하지 않으셨는데 내가 어떻게 나를 모든 악에서 지켜 주시고, 나를 구원하신 나의 왕을 부인할 수 있겠습니까?"

이렇게 사도 요한과 초대교회 성도는 스스로 고난에 동참하였기에 고난 받는 것을 부끄러워하지 않았다. 그래서 죽음의 섬, 사망의 음침한 골짜기와 같은 곳에 유배를 당하여 왔지만 굴하지 않고 당당하게 자신을 "나 요한은 너희 형제요, 예수의 환난과 나라와 참음에 동참하는 자"라고 했던 것이다.

위로의 하나님

이처럼 인생의 풍랑을 만났을 때 참음에 동참하며 바로 그 순간 들려오는 하나님의 말씀이 얼마나 큰 위로가 되는지 모른다.

이 말씀은 나의 고난 중의 위로라 주의 말씀이 나를 살리셨기

때문이니이다 _시 119:50

시편 기자는 주의 말씀이 자신에게 위로가 되었고, 언약의 말씀이 고난을 이겨 낼 수 있는 힘이 되었다고 고백한다. 인생을 살다 보면 가파른 길, 험한 길을 만날 때가 있다. 숨이 차 헐떡거릴 때가 있다. 그때 '너희가 감당하지 못할 고난은 허락지 않으신다'는 말씀이 얼마나 큰 위로가 되는가?

사람이 감당할 시험 밖에는 너희가 당한 것이 없나니 오직 하나님은 미쁘사 너희가 감당하지 못할 시험 당함을 허락하지 아니하시고 시험 당할 즈음에 또한 피할 길을 내사 너희로 능히 감당하게 하시느니라 _고전 10:13

인생을 살다가 이해되지 않는 일을 만날 때, '모든 것이 합력하여 선을 이루게 하신다'는 말씀이 얼마나 위로가 되는가?

우리가 알거니와 하나님을 사랑하는 자 곧 그의 뜻대로 부르심을 입은 자들에게는 모든 것이 합력하여 선을 이루느니라 _롬 8:28

두려워 떠는 자들에게는 이렇게 말씀하신다.

희망 가득한 나날들을 위하여

두려워하지 말라 내가 너와 함께 함이라 놀라지 말라 나는 네 하
나님이 됨이라 내가 너를 굳세게 하리라 참으로 너를 도와 주리
라 참으로 나의 의로운 오른손으로 너를 붙들리라 _사 41:10

죽음을 앞둔 자들에게는 "내가 너희를 위하여 거처를 예비
하러 가노니 가서 너희를 위하여 거처를 예비하면 내가 다시
와서 너희를 내게로 영접하여 나 있는 곳에 너희도 있게 하리
라"(요 14:2b-3)라는 말씀보다 더 큰 위로가 되는 말씀이 없을
것이다. 이렇게 모든 성도가 매일 하나님이 주시는 말씀을
통해 큰 위로를 받고, 회복의 은혜를 경험하며 살 수 있기를
바란다.

주의 날에

밧모섬에서 유배 생활을 하고 있던 사도 요한이 마침내 성
령에 감동되어 주의 음성을 듣고, 주의 환상을 보게 된다. 밧
모섬에는 산 중턱에 요한이 계시를 받았다고 하는 '계시의 동
굴'이 있다. 당시 사도 요한은 아흔이 넘은 나이에 낮에는 채
석장에 나가 일하고, 밤에는 이 동굴에서 생활했다. 그 와중
에 성령에 감동이 된 것이다. 이후 그는 나팔 소리와 같은 주

님의 큰 음성을 들었고, 일곱 금 촛대 사이를 거니시는 주님을 보았다.

　　주의 날에 내가 성령에 감동되어 _계 1:10a

　'주의 날'에 성령에 감동되었다. 주의 날은 예수님께서 장사되었다가 부활하신 안식 후 첫날, 곧 오늘날의 주일에 해당하는 날이다. 성경에 기록된 대로 초대교회 성도는 자연스럽게 안식 후 첫날을 주의 날로 지키며, 함께 모여 하나님을 예배하였다. 사도 요한이 주의 날에 성령에 감동되어 주의 음성과 환상을 보게 되었다는 것에서 유배 중에도 경건 생활을 게을리 하지 않았음을 알 수 있다. 고령에 고통스러운 유배 생활을 하면서도 하나님을 찾고, 하나님을 예배하면서 영적으로 나태해지지 않았다. 언제 살아 돌아갈지 모르는 사망의 음침한 골짜기와 같은 곳에 거하면서도 늘 깨어 기도했다. 가장 힘들고 어려울 때 도리어 예배의 자리로 나아갔다.

　사도 요한은 하나님을 예배함으로 암울한 시기를 이겨 냈다. 주의 날에 하나님을 예배하다 성령에 감동이 되었다. 예배와 성령의 감동은 밀접한 관련이 있다. 많은 그리스도인이 예배를 드리면서 성령의 감동을 받는 것을 보게 된다. 당신도 예배의 자리에서 뜨겁게 하나님을 만나며, 하나님과 친밀하게 교제하며, 성령의 감동을 받기 바란다.

어떤 성도는 여러 가지 이유로 경건 생활을 게을리 한다. 피치 못할 핑계를 대면서 영적 나태를 합리화한다. 지금 내 생활이 몹시 분주하기에 예배를 드리지 못한다고 말한다. 너무나 심한 스트레스를 받아 기도의 무릎을 꿇지 못한다고 말한다. 자녀가 고3 수험생이기 때문에 소그룹 모임에 나오지 못한다고 말한다.

사도 요한을 보라. 낮에는 채석장에서 돌을 깨는 일을 했지만 피곤한 몸을 이끌고 동굴로 돌아오면 겸손히 기도의 무릎을 꿇었다. 주의 날에는 어떤 경우라도 반드시 하나님을 예배했다. 열악한 환경을 이유로 영적으로 나태해지지 않았다. 늘 깨어 기도했다. 주의 날을 구별하고 하나님께 온전한 예배를 드렸다. 당신도 상황과 환경에 굴복하지 않고, 어떤 순간에도 늘 깨어 기도하며, 주의 날에 온전히 하나님을 예배할 수 있는 성령의 사람이 되기를 원한다.

주 하나님이 이르시되

나는 알파와 오메가라

이제도 있고 전에도 있었고 장차 올 자요

전능한 자라 하시더라

/ 계 1:8 /

17장

/

두려움을 떨치고

일어나라

(시 23:4-5)

내가 사망의 음침한 골짜기로 다닐지라도 해를 두려워하지 않

을 것은 주께서 나와 함께 하심이라 _시 23:4a

목자의 인도를 받은 양들은 푸른 풀밭에서 부족함 없이 꼴
을 먹는다. 또 잔잔한 시냇가에서 쉼을 얻는다. 반면 사망의
음침한 골짜기는 그러한 쉼과 평안을 누릴 수 없다. 그곳은
고통과 불안만이 감돈다. 두 장면을 함께 상상해 보라. 대조
적인 두 모습이 바로 우리 삶이다. 인생은 항상 푸른 초장만
펼쳐져 있지 않다. 사망의 음침한 골짜기를 지나야 할 때도
있다. 이 세상에 낮과 밤이 있듯이 우리 인생에도 푸른 풀밭
이 있고, 사망의 음침한 골짜기가 때마다 교차한다.

사망의 음침한 골짜기란 사망의 그림자가 드리운 골짜기
를 말한다. 목자들은 양 떼를 몰고 싱싱한 꼴을 찾아 주기적
으로 대이동을 한다. 그 과정에서 반드시 지나치는 곳이 좁
고 험하며, 햇빛이 차단된 어두운 골짜기다. 그런 골짜기에
는 곳곳에 위험이 도사리고 있다. 갑자기 내린 비로 인한 급
류 때문에 양들이 떠내려갈 수도 있고, 절벽이나 낭떠러지에
서 떨어질 수도 있다. 때로는 늑대나 사자 같은 짐승으로부
터 공격을 당하거나 바위가 굴러떨어져 양들을 덮칠 수도 있
다. 이렇게 죽음의 그림자가 드리운 곳이 바로 사망의 음침
한 골짜기다.

하지만 목자는 자신의 양들을 데리고, 그러한 위험을 무릅쓰며 사망의 음침한 골짜기를 통과해야만 한다. 그래야만 양들을 또 다른 푸른 초장으로, 쉴 만한 물가로 인도할 수 있기 때문이다. 마찬가지로 오늘 우리 인생에도 사망의 음침한 골짜기가 있다. 어떠한 공간이 아니다. 내가 지금 당면한 어려운 상황이다. 대개 이러한 상황은 인간관계의 아픔이나 배신에서 맞닥뜨리게 된다. 사랑하는 사람과의 이별에서도 찾을 수 있다. 재정으로 인한 생활의 어려움이나 어떠한 일에 대한 계속되는 넘어짐과 실패 속에서도 마주할 수 있다.

다윗의 인생 역시 마찬가지다. 목동으로 양을 치며 사자를 때려잡았을 때, 골리앗을 물리쳤을 때, 백성으로부터 "사울은 천천이요, 다윗은 만만"이라는 칭송을 들을 때, 그의 삶은 푸른 초장과도 같았다. 그러나 왕으로 기름부음을 받고 난 다음 어땠는가? 10년 넘게 사울 왕에게 쫓겨 다니며 살았다. 밧세바와의 간음으로 태어난 아들이 자신의 죄로 인해 세상을 떠났다. 아들 압살롬이 반란을 일으켜 자기를 죽이기 위해 왕궁에 쳐들어왔다. 하나님 앞에 서 있었던 그에게도 이렇게 사망의 음침한 골짜기와 같은 시절이 있었다.

주께서 나와 함께하심이라

사망의 골짜기를 거니는 자들에게는 공통점이 있다. 그들에게는 두려움이 있다. 죽음에 대한 두려움, 질병에 대한 두려움, 실직에 대한 두려움 그리고 배신과 실패에 대한 두려움 등이다. 그런데 다윗은 해를 두려워하지 않는다고 말한다.

> 내가 사망의 음침한 골짜기로 다닐지라도 해를 두려워하지 않을 것은 주께서 나와 함께 하심이라 _시 23:4a

본문에서 '해(害)'는 '악(惡)'을 말한다. 다시 말하면 다윗은 '어떤 악도 두려워하지 않는다'. 그 이유는 주께서 나와 함께하시기 때문이다. 그렇다. 사망의 음침한 골짜기가 압도하는 상황보다 '주님이 나와 함께하신다'는 사실이 더 중요하다. 하나님은 문제보다 크신 분이며, 창조주이자 구원자로서 세상의 모든 문제를 다스리시기 때문이다. 모든 일을 주관하시는 하나님께서 하나님의 선한 방법으로 우리를 사망의 음침한 골짜기로부터 빛 가운데로 인도하시기 때문이다. 이렇게 여호와 그분의 권능이 임할 때, 주께서 동행하실 때 두려움이 사라지고, 평안이 임한다. 두려움에 대한 처방은 언제나 '하나님이 나와 함께하심'이다. 이사야 선지자는 "두려워하지

말라"라고 선포하며, "내가 너와 함께함이라"라고 하나님의
말씀을 전했다.

> 두려워하지 말라 내가 너와 함께 함이라 놀라지 말라 나는
> 네 하나님이 됨이라 내가 너를 굳세게 하리라
> 참으로 너를 도와 주리라 참으로 나의 의로운 오른손으로
> 너를 붙들리라 _사 41:10

하나님이 나와 함께하심을 가장 많이 느낄 수 있는 때는
언제일까? 주께서 나와 동행하심을 선명하게 경험하는 때는
다름 아닌 사망의 음침한 골짜기를 거닐 때다. 바로 그때가
너무나 간절히 주님의 도우심과 주님의 얼굴을 구하는 때이
기 때문이다. 그렇다면 하나님께서는 어떻게 나와 함께하시
는가?

> 주의 지팡이와 막대기가 나를 안위하시나이다 _시 23:4b

지팡이는 끝이 구부러져 있어 절벽 가에 있거나 덤불에 빠
진 양들을 끄집어내는 데 또한 양들이 곁길로 갈 때는 지팡
이로 옆구리를 쳐서 대열에서 이탈하지 못하게 한다. 그러니
지팡이는 양들을 구원하고 인도하는 사랑의 도구이다. 또한

목자에게는 막대기라는 무기가 있다. 그냥 막대기가 아니다. 끝에 쇠심이 박혀 있다. 사나운 짐승들이 달려들 때 목자는 그 막대기로 짐승을 때려잡기도 한다. 그렇기 때문에 사망의 골짜기에서 가장 강력하게 힘을 발휘하는 것은 목자의 지팡이와 막대기다.

주님은 그렇게 주의 지팡이와 막대기로 그분의 자녀를 안위하신다. 당신이 사망의 음침한 골짜기를 무사히 잘 통과할 수 있도록 보호하시고, 안심시키며, 위로해 주신다. 그러므로 사망의 음침한 골짜기를 거닐지라도 두려워하지 마라. 주께서 함께하신다. 선한 목자 되신 주님께서 그 지팡이와 막대기로 당신을 안위하심을 믿어라!

나 홀로라는 생각을 버려야 한다. 주님은 언제나 나와 함께하신다. 문제가 큰 것이 문제가 아니다. 사망의 음침한 골짜기가 문제가 아니다. 세상을 창조하시고, 나를 위해 죽으시고, 부활하신 주님이 나와 함께하신다는 사실을 믿지 못하며 사는 것이 진짜 문제다. 하나님은 세상 무엇보다 당신을 사랑하시기에 언제나 함께 있고자 하신다.

원수의 목전에서 상을 차려 주시고

선한 목자 되신 주님은 나와 함께하심으로 사망의 음침한 골짜기를 통과하게 하신다. 그뿐만 아니라 내 원수의 목전에서 내게 상을 차려 주신다.

주께서 내 원수의 목전에서 내게 상을 차려 주시고 _시 23:5a

본문의 '상(을)'은 히브리어로 '슐르한'인데 이는 '내보내다', '펼쳐 놓다'는 뜻이다. 이를 영어 성경에서는 'table', 즉 '식탁'으로 번역한다. 양들에게는 푸른 초원이 펼쳐진 목양지대를 말한다. 선한 목자이신 주님이 우리를 위하여 예비하신 그 식탁은 풍성하고 부족함이 없다. 그 식탁에는 만족이 있고, 평안이 있고, 기쁨이 있다. 그러므로 양 떼들은 끝없이 펼쳐진 푸른 풀밭에서 먹고, 뒹굴며 풍성한 축제를 벌인다.

주님은 어디에서 그 풍성한 식탁을 베푸시는가? '내 원수의 목전(目前)', 즉 '눈앞'이다. 하나님의 양들인 우리에게도 원수가 많다. 까닭 없이 미워하고, 질투하고, 망하기를 바라는 사람들이 있다. 예수를 믿는다는 것 때문에 훼방하고, 괴롭히는 사람들이 있다. 그런데 하나님은 그러한 원수들 앞에서 우리에게 상을 차려 주신다. 다시 말해 원수의 목전에서 상을 차려 주시는 것은 곧 '역전의 은혜'이다.

요셉의 경우를 보라. 형들은 그를 미워했다. 나중에는 애굽에 팔아 버리는 만행을 서슴지 않았다. 그러나 주님은 요셉을 애굽의 국무총리로 세우셨다. 마침내 형들로 하여금 그 앞에 무릎 꿇고, 용서를 빌게 하셨다. 그들 앞에서 상을 차려 주신 것이다.

'부림절' 이야기의 핵심 인물 중 하나이자 에스더의 사촌 오빠인 모르드개도 마찬가지다. 바사 제국의 총리대신이었던 하만이 자신에게 절하지 않은 모르드개에게 분노하여 유다 종족 전체를 멸절시키고자 하였고, 그 역시 나무에 매달아 죽이려고 했다. 그러나 하나님은 그날 밤 아하수에로 왕으로 하여금 잠을 이루지 못하게 하시고, 모르드개와 에스더를 통해 하만의 계략이 다 드러나게 하셨다. 그리하여 모르드개를 잡아 죽이려고 준비해 두었던 나무에 하만 자신이 매달려 죽음에 이르게 하셨다.

물론 원수의 목전에서 상을 차려 주시는 하나님의 은혜를 누구보다 많이 경험한 사람이 바로 다윗이다. 하나님의 마음에 합한 사람이었지만 다윗에게는 많은 원수가 있었다. 절대 권력을 가진 사울 왕은 모든 군대를 동원해 다윗을 죽이려고 했다. 심지어 다윗이 수금을 탈 때 "내가 다윗을 벽에 박으리라"(삼상 18:11)라며 손에 들고 있던 단창을 다윗을 향해 던졌다. 바로 그때 하나님께서는 원수의 목전에서 다윗의 생명을 지켜 주셨다.

그런데 다윗을 죽이려는 사울의 계획은 여기서 끝나지 않았다. 사울은 그를 블레셋과의 치열한 전투에 내보냈다. 그를 죽이기 위해 의도한 것이다. 그러나 다윗은 오히려 승리의 개가를 부르며 돌아왔다. 이에 사울은 또다시 다윗에게 블레셋 사람의 양피를 100개나 베어 오라고 명한다. 하나님께서 함께하심으로 다윗은 그 배인 200개의 양피를 베어 왔다.

스토리는 끝나지 않았다. 한번은 다윗이 십황무지 수풀에 숨어 있을 때 사울과 사울의 군대가 완전히 다윗을 포위했다. 독 안에 든 쥐 신세가 된 것이다. 그런데 어떤 일이 벌어졌는가?

> 전령이 사울에게 와서 이르되 급히 오소서 블레셋 사람들이
> 땅을 침노하나이다 이에 사울이 다윗 뒤쫓기를 그치고 돌아와
> 블레셋 사람들을 치러 갔으므로 그 곳을 셀라하마느곳이라 칭
> 하니라 _삼상 23:27-28

하나님이 다윗과 함께하심으로 사울 왕은 다윗을 죽일 수가 없었다. 성경은 이렇게 기록하고 있다.

여호와께서 다윗과 함께 계심을 사울이 보고 알았고 사울의 딸

미갈도 그를 사랑하므로 사울이 다윗을 더욱더욱 두려워하여

_삼상 18:28-29a

사울 왕은 여호와께서 다윗과 함께 계심을 보고 알았다. 그래서 다윗을 더욱 두려워했다. 우리 역시 하나님이 나와 함께하심을 내 주변 사람들이 보고 알게 해야 한다. 내 남편과 아내, 자녀뿐만 아니라 직장 사람들이 하나님께서 나와 함께하심을 보아야 한다. 그렇게 되면 그들이 함부로 하지 못하고 주님을 두려워하게 된다.

그때 주님은 원수의 목전에서 우리에게 상을 베푸신다. 승리의 만찬을 허락하신다. 원수의 목전에서 높이 들림과 평안과 승리의 축복을 누리게 하신다. 많은 사람이 원수의 목전에서 절망한다. "나는 안 돼. 나는 할 수 없어"라며 자포자기한다. 그러나 하나님의 계획은 다르다. 주님은 생명과 승리의 길을 보여 주시고, 인도하시며, 동행하신다. 그리하여 원수들이 보고 있는 그 앞에서 높이 들림과 평안과 승리의 축복을 누릴 수 있게 하신다. 그러니 나의 평생에 하나님께서 차려 주신 그 식탁에서 승리의 만찬, 평화의 만찬을 즐기는 인생이 되어라.

기름을 내 머리에 부으셨으니

기름을 내 머리에 부으셨으니 내 잔이 넘치나이다 _시 23:5b

목자는 가끔 양을 한 마리씩 품에 안고, 그 머리에 기름을 붓는다. 여기에는 몇 가지 이유가 있다.

첫째, 각종 해충으로부터 양을 보호하기 위해서다. 여름철이 되면 파리떼뿐만 아니라 여러 해충이 극성을 부리는데 어떤 경우에는 양들의 축축한 코점막에 알을 낳기도 한다. 그렇게 되면 2-3일 후 알에서 조그만 유충이 콧구멍이나 머리 또는 피부 속으로 들어가 염증을 일으켜 엄청난 고통을 가져다준다. 양은 그 고통에서 벗어나려고 발버둥을 치며 바위 또는 딸기나무 같은 곳에 몸을 비비거나 뒹굴기도 한다. 심하게는 고통에서 벗어나려 자살하기도 한다. 그래서 목자는 파리와 각종 해충으로부터 양들을 보호하기 위해 기름을 바른다.

둘째, 양들 간의 싸움을 막기 위해서다. 여름이 가고 가을이 오면 발정기가 시작된다. 이때 양들은 짝을 찾기 위해 싸움을 시작한다. 암양을 차지하려는 숫양들의 쟁탈전이 벌어진다. 어떤 날은 밤새도록 머리를 부딪치며 소리 내어 싸운다. 이때 머리에 부상을 입고 불구가 되거나 심한 경우에는 죽기도 한다. 그런데 양들의 머리에 기름을 발라 놓으면 서로 싸울 때 계속해서 미끄러지게 된다. 그렇게 되면 어느 순간 싸움을 포기하게 된다.

셋째, 상처를 치유하기 위해서다. 양들이 서로 싸우거나 풀을 뜯어 먹다가 머리에 상처를 입는 경우가 있다. 이때 목자는 그 머리에 수시로 기름을 발라 상처를 치유해 준다. 예로부터 기름은 상처를 치유하는 데 사용되었다. 사마리아인이 예루살렘에서 여리고로 내려가다가 강도 만난 자를 치료할 때 포도주와 기름을 사용했고(눅 10:34), 야고보 기자는 환자를 위해 기도할 때 기름을 바르고 기도하라고 했다(약 5:14). 성경에는 기름에 대한 이야기가 200번 이상 나온다. 온갖 기름에 대한 이야기로 가득 차 있다. 그렇다면 목자가 양의 머리에 바른 기름은 무엇을 뜻할까? '하나님의 능력', 곧 '성령님'을 가리킨다. 예수님도 이 성령과 능력으로 기름부음을 받으사 선한 일을 행하시고 마귀에게 눌린 모든 사람을 고치셨다.

> 하나님이 나사렛 예수에게 성령과 능력을 기름 붓듯 하셨으매 그가 두루 다니시며 선한 일을 행하시고 마귀에게 눌린 모든 사람을 고치셨으니 이는 하나님이 함께 하셨음이라 _행 10:38

그렇다면 우리가 성령의 기름부음, 곧 성령의 충만을 받아야 하는 이유는 무엇인가?

내 잔이 넘치나이다

성령의 기름부음이 임하면 내 잔이 넘치게 되기 때문이다. 다윗은 "기름을 내 머리에 부으셨으니 내 잔이 넘치나이다"(시 23:5b)라고 노래했다. 성령의 충만, 곧 기름부음을 받으면 싸움이 사라지고, 서로 화목을 이룬다. 우리의 상한 마음, 거절된 마음, 상실된 마음들이 치유된다. 또 성령의 기름부음을 받으면 날마다 삶이 새로워진다. 모든 것이 새로워지는 것이다. 그래서 시편 기자는 "내게 신선한 기름을 부으셨나이다"(시 92:10)라고 찬송했다. 이렇듯 성령의 기름부음을 받으면 미움과 원망, 불평이 사라진다. 대신 감사와 찬송이 충만해진다. 그러므로 성령의 충만, 곧 기름부음을 받으면 "내 잔이 넘치나이다"라고 고백할 수밖에 없다.

하나님께서 우리 인생에 풍성한 은혜를 베푸셔도 화목하지 못하면 그 은혜를 온전히 누릴 수가 없다. 누군가를 미워하는 마음과 누군가로부터 상한 마음을 가진 자는 주의 은혜를 노래할 수 없고, 주를 온전히 예배할 수 없다. 마음에 불평과 원망이 가득한 자는 "내 잔이 넘치나이다"라고 고백할 수가 없다. 탐욕으로 가득 차 있는 사람은 하나님께서 아무리 넘치는 은혜를 주셔도 감사할 줄 모른다. 인간의 탐욕은 그 어떤 것으로도 채워지지 않기 때문이다.

베들레헴 목동에 지나지 않았던 사람이 이스라엘의 왕이 되었다. 사망의 음침한 골짜기를 지나면서 나와 같이 계신 하나님을 만났다. 수많은 배신과 실수와 넘어짐에도 불구하고 부족함이 없는 은혜를 경험했다. 때를 따라 돕는 은혜를 경험했다. 결국 하나님의 마음에 합한 자가 되었다. 인생의 마지막에는 여호와의 집에 영원히 살게 되는 축복을 누리게 될 것을 믿었다.

그래서 다윗은 고백한다.

"내 잔이 넘치나이다."

그는 하나님께서 베풀어 주신 회복의 은혜가 이렇게 충만함을 시적으로 표현했다. 당신은 당신의 인생에 부어진 충만한 은혜를 노래하고 있는가? 다윗처럼 내 잔이 넘치는 감격과 기쁨으로 주님을 마음껏 찬송하고 있는가? 당신의 인생이 성령의 충만함으로 날마다 새로워지는 은혜를 통해 오늘 하루도 여호와 하나님과 친밀하게 동행하기를 바란다.

오늘 하나님을 만나다

하나님이여

우리를 돌이키시고

주의 얼굴빛을 비추사

우리가 구원을 얻게 하소서

/ 시 80:3 /

오늘 하나님을 만나다

초판 1쇄 인쇄일 2022년 11월 1일
초판 1쇄 발행일 2022년 11월 7일

지은이 김은호

발행인 김은호
발행처 도서출판 꿈미
등록 제2014-000035호(2014년 7월 18일)
주소 서울시 강동구 양재대로81길 39, 202호
전화 070-4352-4143, 02-6413-4896
팩스 02-470-1397
홈페이지 http://www.coommi.org
쇼핑몰 http://www.coommimall.com
인스타그램 @coommi_books

ISBN 979-11-90862-74-5 03230

도서출판 꿈미는 가정과 교회가 연합하여 다음세대를 일으키는 대안적 크리스천 교육기관인 사단법인 꿈이 있는 미래의 사역을 돕기 위해 월간지와 교재, 각종 도서를 출간합니다.